跨境基础设施合作论

尤荻 著

中国社会科学出版社

图书在版编目(CIP)数据

跨境基础设施合作论/尤荻著. —北京:中国社会科学出版社,2021.9
(区域合作理论丛书)
ISBN 978-7-5203-9197-9

Ⅰ.①跨… Ⅱ.①尤… Ⅲ.①基础设施建设—国际合作—研究—中国 Ⅳ.①F299.24

中国版本图书馆 CIP 数据核字(2021)第 187564 号

出 版 人	赵剑英
责任编辑	孙 萍
责任校对	夏慧萍
责任印制	王 超

出 版	中国社会科学出版社
社 址	北京鼓楼西大街甲 158 号
邮 编	100720
网 址	http://www.csspw.cn
发 行 部	010-84083685
门 市 部	010-84029450
经 销	新华书店及其他书店
印 刷	北京君升印刷有限公司
装 订	廊坊市广阳区广增装订厂
版 次	2021 年 9 月第 1 版
印 次	2021 年 9 月第 1 次印刷
开 本	710×1000 1/16
印 张	14.25
字 数	201 千字
定 价	78.00 元

凡购买中国社会科学出版社图书,如有质量问题请与本社营销中心联系调换
电话:010-84083683
版权所有 侵权必究

《区域合作理论丛书》编委会

主　　编
梁双陆　云南大学经济学院党委书记，研究员，博士生导师

副　主　编
杨绍军　云南大学社科处处长，研究员

编委会成员（排名不分先后）
杨先明　云南大学特聘教授，博士生导师
黄　宁　云南大学经济学院院长，研究员
张　林　云南大学人事处副处长，教授，博士生导师
张国胜　云南大学经济学院副院长，教授，博士生导师
马子红　云南大学经济学院副院长，教授
冯　勇　云南大学经济学院副院长，研究员
罗美娟　云南大学经济学院教授，博士生导师
郭树华　云南大学经济学院教授，博士生导师
施本植　云南大学经济学院教授，博士生导师
陈　瑛　云南大学经济学院研究员，博士生导师
程士国　云南大学经济学院教授
李　娅　云南大学经济学院教授
何树红　云南大学经济学院教授
赵鑫铖　云南大学经济学院教授

总　序

2017年，云南大学入选世界"双一流"建设高校名单，标志着云南大学经济学科进入崭新发展阶段。2018年，为切实提升科学研究水平和理论创新能力，云南大学在双一流建设项目中设立了社会科学理论创新高地，在社科处的支持下，专门设立了"区域合作"理论创新高地建设项目（项目编号：C176240103），以推动区域合作理论创新。该项目负责人为梁双陆研究员。

"区域合作"理论创新高地建设项目实施三年以来，在云南大学相关部门的大力支持和项目成员的努力下，取得阶段性成效。一是标志性成果凸显。2018年以来，本项目成员在《世界经济》《经济管理》《财贸经济》等期刊发表高质量论文十余篇，在 Econometric Theory 等重要国际期刊发表 SSCI 论文6篇，出版学术专著十余部。团队成员先后获得国家级项目立项3项。先后向国家和省委省政府提交30多份区域合作相关决策咨询报告。二是团队成员成长卓著。2018年以来，有9位项目成员实现职称晋升，8名成员入选云南省人才专项。三是平台建设取得重要进展。区域合作理论创新高地依托学科基础和平台，继续建设沿边开放与经济发展智库，与云南省委财经领导小组办公室签订战略合作协议，建设决策咨询研究基地，举行多次高端合作论坛，在营造科研氛围、提升科研成效上有明显进展。2019年，经专家团评审沿边开放与经济发展智库，顺利通过南京大学中国智库研究与评价中心及光明日报智库研究与发布中心遴选，正式成为CTTI来源智库之一。同时，智库发挥了良好的服务地方作用，承担了多项重要地方项目，并到主要省属企业开展学术讲座。经过三年的建设，有力地支撑了云南大学经济学科的影响力进一步扩大，区域合作理论创新成果显示度进一步提升，研究实力显著增强。本丛书的出版，就是"区域合作"理论创新高地建设项目的重要成果。同时，也是云南大学经济学科建设的最新进展。

当前，世界经济环境正在经历史无前例的变化。经济全球化和国际分工面临巨大挑战，国际区域合作面临中美贸易摩擦、逆全球化、贸易保护主义、民粹主义的巨大压力。然而，分工理论已经很好揭示了区域合作的效率提升机制，国际贸易和国际投资的飞跃性发展已经将国际经济合作的福利播散到每一个角落。这是不可抗拒的历史潮流和必然趋势。同时，作为开放型大国，我国也进入了构建国内大循环为主体，国内国际双循环相互促进的新发展格局的新阶段。这必然会对国内区域合作、国内区域经济一体化和国内市场规模的红利进一步释放提供巨大动力。在贸易保护主义和新冠肺炎疫情的全球性冲击下，国际政治经济格局在加速重塑，国际国内区域合作面临新的机遇和挑战。但我们坚信，风雨过后，区域经济合作仍将是未来驱动区域经济乃至全球经济发展的重要动力，而内陆边疆地区在新时期的开放合作中的优势及作用将空前凸显。

作为一门经世济民的学科，经济学在解释经济发展动力、揭示经济规律和趋势上是没有止境的。本丛书是展示云南大学经济学学科在区域合作理论方面的研究成果，是对区域合作理论发展的有益尝试和创新，对促进国际国内区域合作具有一定的理论指导意义。虽然丛书作者已经付出了巨大努力，但仍存在一些有待商榷的内容及不足，特在此致以歉意并恳请读者不吝指出。我们期盼与学界同人携手,共同为区域合作理论的创新发展贡献力量,共同开创和描绘区域合作的美好愿景。

梁双陆
2020 年 10 月 11 日

目 录

第一章 区域一体化下的跨境基础设施 …………………………（1）
  第一节 全球跨境基础设施发展历程 ………………………（1）
    一 第一阶段（1945—1991年）：政治基础形成
      阶段 ……………………………………………………（2）
    二 第二阶段（1988—2013年）：区域性跨境基础
      设施发展计划提出 ……………………………………（4）
    三 第三阶段（1994年至今）：跨境基础设施建设 ………（6）
  第二节 跨境基础设施的属性 ………………………………（7）
    一 跨境基础设施作为区域公共产品的性质 …………（7）
    二 跨境基础设施的分类 ………………………………（8）
    三 跨境基础设施的供给机制 …………………………（10）
  第三节 跨境基础设施的特点 ………………………………（12）
    一 匹配性 ………………………………………………（12）
    二 辅助性 ………………………………………………（13）
    三 补充性 ………………………………………………（14）
  第四节 中国参与的跨境基础设施项目开发现状 …………（15）
    一 项目基本情况 ………………………………………（15）
    二 项目合作内容 ………………………………………（17）
    三 项目融资模式 ………………………………………（19）
  本章小结 ………………………………………………………（21）

第二章 欧盟、南美洲及大湄公河次区域的跨境基础设施发展比较 （22）

第一节 欧盟、南美洲及大湄公河次区域的跨境基础设施发展历程 （22）
  一 欧盟的跨境基础设施发展历程 （23）
  二 南美洲的跨境基础设施发展历程 （25）
  三 大湄公河次区域的跨境基础设施发展历程 （27）

第二节 欧盟、南美洲及大湄公河次区域的跨境基础设施项目规划比较 （30）
  一 项目选择 （30）
  二 项目评估 （33）

第三节 欧盟、南美洲及大湄公河次区域的跨境基础设施投融资比较 （36）
  一 资金来源 （37）
  二 投融资方式 （41）

第四节 欧盟、南美洲及大湄公河次区域的跨境基础设施实施组织比较 （44）
  一 组织结构 （44）
  二 组织协调机制 （48）

本章小结 （52）

第三章 跨境基础设施合作的原理 （54）

第一节 跨境基础设施合作的基础 （54）
  一 政治基础 （55）
  二 经济基础 （57）
  三 文化基础 （58）

第二节 跨境基础设施合作中的利益相关者 （61）
  一 国家政府 （61）
  二 区域性机构 （63）
  三 其他社会主体 （64）

第三节 跨境基础设施合作的内容 …………………… (65)
　　一　跨境基础设施合作的内容 ………………………… (65)
　　二　跨境基础设施合作的框架 ………………………… (69)
第四节 跨境基础设施合作的基本机制 ………………… (72)
　　一　跨境基础设施合作的基本运行机制 ……………… (72)
　　二　优先项目的确定 …………………………………… (74)
　　三　项目评估与成本分配 ……………………………… (76)
　　四　组织协调与项目许可 ……………………………… (78)
本章小结 …………………………………………………… (80)

第四章　跨境基础设施与边境地区开发合作 ………… (82)

第一节 边界效应与跨境基础设施开发 ………………… (82)
　　一　边界效应 …………………………………………… (83)
　　二　跨境基础设施开发与边境效应的关系 …………… (85)
　　三　跨境基础设施发展中的边境地区开发合作内容 …… (87)
第二节 跨境基础设施与边境贸易区建设合作 ………… (89)
　　一　跨境基础设施发展中的边境贸易区建设
　　　　合作内容 …………………………………………… (89)
　　二　中缅跨境交通基础设施发展下的姐告
　　　　边境贸易区 ………………………………………… (92)
　　三　跨境基础设施发展中的边境贸易区建设
　　　　合作要点 …………………………………………… (93)
第三节 跨境基础设施与边境地区城镇化 ……………… (94)
　　一　跨境基础设施发展中的边境地区城镇化
　　　　合作内容 …………………………………………… (95)
　　二　中越跨境交通基础设施发展下的广西
　　　　凭祥市城镇化 ……………………………………… (97)
　　三　跨境基础设施发展中的边境地区城镇化
　　　　合作要点 …………………………………………… (98)

第四节　跨境基础设施与边境地区产业发展合作 …………（100）
　一　跨境基础设施发展中的边境地区产业
　　　发展合作内容 ……………………………………（100）
　二　中俄跨境交通基础设施发展中的满洲
　　　里边境旅游产业升级 ……………………………（102）
　三　跨境基础设施发展中的边境地区产业
　　　发展合作要点 ……………………………………（104）
本章小结 ……………………………………………………（105）

第五章　跨境基础设施与区域环境保护合作 ……………（107）
第一节　跨境基础设施与区域环境可持续发展 …………（107）
　一　跨境基础设施发展与区域环境的关系 ……………（108）
　二　跨境基础设施发展中的环境保护合作内容 ………（109）
第二节　跨境基础设施与自然资源有效利用 ……………（112）
　一　跨境基础设施发展中的自然资源开发与
　　　利用合作 …………………………………………（112）
　二　北欧海上风电厂项目中的海上风能开发合作 ……（114）
　三　跨境基础设施发展中自然资源开发和
　　　利用的合作要点 …………………………………（116）
第三节　跨境基础设施发展中的污染物减排合作 ………（117）
　一　跨境基础设施发展中的污染物减排合作机制 ……（118）
　二　不丹达嘎楚（Dagachhu）水电站项目中的
　　　减排合作 …………………………………………（119）
　三　跨境基础设施发展中的污染物减排合作要点 ……（120）
第四节　跨境基础设施发展中的自然环境保护合作 ……（122）
　一　跨境基础设施发展中的自然环境保护合作机制 …（122）
　二　中国—老挝铁路项目中的自然环境保护合作 ……（123）
　三　跨境基础设施发展中的自然环境保护合作要点 …（125）
本章小结 ……………………………………………………（126）

第六章 跨境基础设施与区域贸易便利化合作 …………（128）

第一节 跨境基础设施与贸易便利化 ……………………（128）
一 贸易便利化的内涵 ……………………………………（129）
二 跨境基础设施与区域贸易便利化的关系 ……………（131）
三 跨境基础设施发展中的贸易便利化合作内容 ………（133）

第二节 跨境基础设施与通关便利化 ……………………（135）
一 跨境基础设施发展中的通关便利化合作内容 ………（135）
二 大湄公河次区域跨境公路发展中的通关
  便利化合作 …………………………………………（137）
三 跨境基础设施发展中的通关便利化合作要点 ………（139）

第三节 跨境基础设施与运输标准化 ……………………（141）
一 跨境基础设施发展中的运输标准化合作内容 ………（141）
二 欧盟跨境铁路发展中的运输标准化合作 ……………（143）
三 跨境基础设施发展中的运输标准化合作要点 ………（145）

第四节 跨境基础设施与非正式贸易监管合作 …………（146）
一 跨境基础设施发展中的非正式贸易
  监管合作内容 ………………………………………（147）
二 非洲大湖地区跨境公路发展中的非
  正式贸易监管合作 …………………………………（149）
三 跨境基础设施发展中的非正式贸易
  监管合作要点 ………………………………………（151）

本章小结 ………………………………………………………（153）

第七章 跨境基础设施与区域减贫合作 ……………………（155）

第一节 跨境基础设施发展中的区域减贫 ………………（155）
一 跨境基础设施发展对区域贫困减轻的作用 …………（156）
二 跨境基础设施发展中的跨国减贫合作内容 …………（158）

第二节 跨境基础设施发展中的就业创造合作 …………（160）
一 跨境基础设施发展中的创造就业合作内容 …………（160）
二 中缅油气管道项目中的就业创造合作 ………………（162）

三　跨境基础设施发展中的创造就业合作要点 …………（164）
第三节　跨境基础设施发展中的劳动力流动管理 …………（166）
一　跨境基础设施中的劳动力流动管理合作内容 ………（166）
二　大湄公河次区域跨境公路发展中的劳动力
流动管理合作 …………………………………………（169）
三　跨境基础设施发展中的劳动力流动管理
合作要点 ………………………………………………（171）
第四节　跨境基础设施发展中的跨境流动人口管理 ………（173）
一　跨境基础设施发展中的跨境流动人口管理
合作内容 ………………………………………………（173）
二　欧盟跨境流动人口教育服务中的合作 ………………（176）
三　跨境基础设施发展中的跨境流动人口管理
合作要点 ………………………………………………（178）
本章小结 …………………………………………………………（179）

第八章　跨境基础设施与区域公共服务改善 ……………（181）
第一节　跨境基础设施与跨国公共服务合作 ………………（181）
一　跨境基础设施与区域公共服务的关系 ………………（182）
二　跨境基础设施发展中的跨国公共服务
合作内容 ………………………………………………（183）
第二节　跨境基础设施发展中的区域公共卫生
服务合作 ……………………………………………（185）
一　跨境基础设施发展中的公共卫生服务
合作方式 ………………………………………………（186）
二　泰缅跨境公路发展中的艾滋病防控合作 ……………（187）
三　跨境基础设施发展中的公共卫生服务
合作要点 ………………………………………………（188）
第三节　跨境基础设施发展与区域文化交流 ………………（190）
一　跨境基础设施发展中的区域文化交流合作
方式 ……………………………………………………（191）

二　德法跨境交通基础设施发展中的边境
　　　　双语区建设 …………………………………… (192)
　　三　跨境基础设施发展中的区域文化交流
　　　　合作要点 ……………………………………… (194)
第四节　跨境基础设施发展中的区域教育合作 …………… (196)
　　一　跨境基础设施发展中的区域教育合作方式 ………… (196)
　　二　欧洲—拉美光缆项目中的跨区域高等教育合作 …… (198)
　　三　跨境基础设施发展中的区域教育合作要点 ………… (199)
本章小结 ……………………………………………………… (201)

参考文献 ………………………………………………… (203)

第 一 章

区域一体化下的跨境基础设施

纵观历史，基础设施的互联互通在全球经济发展中发挥了重要作用。尽管史学界早已认识到了这种联通的重要性，但跨境基础设施真正重新进入人们的视野却是在冷战之后。由于全球政治格局的变化以及全球公共产品供给中出现的大国"私物化"和"霸权主义"，区域一体化得以深化，并且很大程度上改变了国家之间的合作与竞争关系，区域公共产品成为国家发展的战略选择，而跨境基础设施作为地理上跨越两个或两个以上国家的基础设施或具有重大跨境影响的国家基础设施①，成为区域一体化的重要组成部分。

第一节 全球跨境基础设施发展历程

从历史的角度来看，跨境基础设施的发展与人类的贸易活动相生相伴。有考古学证据表明，美索不达米亚（Mesopotamia）与印度、中国已存在货物交换，而这意味着跨境基础设施于公元前7500 年至前 4000 年就已经开始发展。公元前 3500 年，绵延约 2900 公里的波斯皇家通路（Persian Royal Routes）建成，之后由大流士一世（King Darius Ⅰ）重建并在阿契美尼德王朝（Achaemenid Empire）（公元前 700—330 年）时期得以继续维护，而其

---

① Adhikari, R., J. Weiss, "Economic Analysis of Subregional Projects", *EDRC Methodology Series*, No.1, Manila: ADB, 1999, p.3.

中就包括了很多跨境基础设施。之后，罗马帝国也拥有一个用于与印度和中国进行贸易的公路和航运网络，该网络中的公路部分在公元200年前后就已经扩展到8万公里，并且对道路的维护和使用建立了相应的管理机制。① 在这之后，横贯东西方的"丝绸之路"则以不同的方式成了跨境基础设施发展的典范。这一全长6000余公里的道路，并非由某一国家来提供，而是不同国家道路的连接，沿线遍布商业点和中转站，不同国家的商队建立了"环环相扣"的物流系统，并以此开展货物运输和贸易，加之僧侣、使者、探险家在该条道路上的流动，"丝绸之路"也成为世界历史上最重要的宗教、文化和科技知识传播之路。然而，由于运输技术的限制和沿线各国政治局势的变动，即便是波斯帝国、罗马帝国、蒙古帝国，在当时的时代状况下虽然能够在短时间内成为主导者，但都不具备长期提供如此大规模跨境基础设施的能力。自"丝绸之路"之后，虽然世界各国的商贸往来并不曾中断，美国也曾主导并投资修建泛美洲跨境公路，但如此大规模的跨境基础设施并没有再出现。直至第二次世界大战之后，由于世界政治格局的深刻变革，区域化浪潮席卷而来，加之科学技术的发展，令全球的跨境基础设施发展掀开了崭新的一页。以下将分三个重叠的阶段对全球的跨境基础设施发展历程进行阐述。

一 第一阶段（1945—1991年）：政治基础形成阶段

第二次世界大战结束后，饱受战争摧残的欧洲各国为了进行国家重建和维护地区安全和稳定，开始意识到联合的必要性，并且不断探索联合的可行性，1952年煤钢联营体这一超国家机构的成立不仅有效缓解了德国与法国之间的历史矛盾和猜忌，同时也使意大利、荷兰、比利时和卢森堡等国获得牵制德国和维护欧洲和平的途径，从一定程度上为欧洲提供了政治和地区安全方面的区域公共产品，同时也成为欧洲乃至全球跨境基础设施发展政治

---

① Haruhiko Kuroda, Masahiro Kawai, Rita Nangia, "Infrastructure and Regional Cooperation", *ADB Institute Discssion Paper*, No. 76. Manila: ADB, p. 11.

基础形成的实质性起点。之后，从1957年签订的《罗马条约》到1967年欧洲煤钢共同体、欧洲经济共同体和欧洲原子能共同体合并为欧共体，再到1979年欧洲各国决定成立欧洲货币体系，其间虽然欧洲的跨境基础设施并没有得到大规模的发展，但欧洲各国在此期间建立的政治合作基础却为之后的欧盟跨境基础设施网络发展奠定了坚实的政治基础。

在欧洲长达四十多年的摸索过程中，世界其他国家和地区也在不断探寻区域合作道路的过程中形成了一定的跨境基础设施发展和合作的政治基础。南美洲方面，虽然从独立运动中设想的美洲联盟到1960年成立的拉丁美洲自由贸易协会，再到1980年的拉丁美洲一体化协会都没有在拉丁美洲整个区域的范围建立有效的政治和经济合作关系，但中美洲共同市场（1962年成立）、安第斯条约组织（1969年成立）和加勒比共同体（1973年成立）等次区域一体化行动也在一定程度上为南美洲的跨境基础设施发展奠定了部分国家间的合作基础。

亚洲方面，成立于1967年的东盟作为第二次世界大战后原东盟五国（马来西亚、印度尼西亚、菲律宾、泰国和新加坡）新的地区安全观念的产物，其目的除了寻求谅解以解决地区内部存在的各种争端和在外部冲突中寻求中立外，还在于促成地区的经济合作和提高区域竞争力。作为一个主要功能是政治论坛的区域组织，东盟在1967—1975年由于柬埔寨内战、越南战争而没有得以充分发展，之后以"柬埔寨和平进程"为契机得以迅速成长，并在冷战结束前后，实现了向安全共同体的转化[1]，而这也成为今后东盟地区跨境基础设施发展的最大政治基础。

相比于上述几个区域，非洲虽然在20世纪五六十年代民族解放运动中就提出了非洲一体化的设想，但由于很多国家不断遭受战争、冲突、政变，非洲大陆的一体化目标从现实来看并未能实现。虽然这期间建设了坦赞铁路这样的跨境基础设施，但实

---

[1] Sheldon Simon, "The Regional of Defense in Southeast Asia", *Pacific Review*, Vol. 5, No. 2, 1992, p. 122.

际上并没有建立能够充分支持跨境基础设施发展的政治基础。总体来看，从第二次世界大战结束至冷战结束的这段时间里，虽然并没有出现大规模的跨境基础设施建设，但世界各国对区域一体化的探索以及形成的合作关系却为今后的发展奠定了有力的政治基础。

二 第二阶段（1988—2013年）：区域性跨境基础设施发展计划提出

冷战结束后，世界格局发生了深刻的变化，以欧洲和东南亚为代表的地区以前一阶段取得的国家间信任和认同为基础进一步加快了区域一体化的步伐，而区域性跨境基础设施发展计划的提出则成为全球跨境基础设施发展第二阶段的核心内容。

1988年欧共体委员会发布的切克奇尼报告（Cecchini Report）对欧洲没有形成统一市场的代价进行了详细分析，并建议建立互联互通的基础设施网络来促进各成员国间贸易、资本、人力资源的流动，进而提升欧洲的整体利益。以此为基础，1991年年底签署的《欧洲联盟条约》正式提出建立欧盟基础设施网络，并明确了欧盟应该采取的政策和措施，而这也成为欧盟乃至世界范围内首次从政治上确认的跨境基础设施发展计划。之后，在经历了1998年金融危机之后，欧洲基础设施系统的脆弱性以及基础设施投资不足的问题再次受到审视，欧盟委员会认为成员国国家之间基础设施发展质量的差异大大削弱了欧盟整个区域的竞争力和发展能力，应该将跨境基础设施作为欧盟发展的关键议题。之后，欧盟委员会基于对当时欧盟成员国之间基础设施联通的主要障碍和瓶颈，制定了泛欧交通和能源基础设施互联互通网络计划，计划中对发展的内容和优先事项进行了规定，并且在2013年颁布泛欧交通运输网络政策（Trans-European Transport Network Policy）和泛欧能源网络条例（Trans-European Networks for Energy Regulation），从立法的层面保障了欧洲跨境基础设施的发展。

当和平再次于20世纪90年代初重归东盟各国之时，亚洲开发银行（Asian Development Bank，ADB）与东南亚各国合作相继提出了大湄公河次区域（Greater Mekong Subregion）经济合作计划（1992年启动）、印度尼西亚—马来西亚—泰国增长三角（Indonesia-Malaysia-Thailand Growth Triangle，IMT-GT）经济合作计划（1993年启动）、文莱—印度尼西亚—马来西亚—菲律宾东盟东部增长区（Brunei Durassalam-Indonesia-Malaysia-Philippines East ASEAN Growth Area，BIMP-EAGA）经济合作计划（1994年启动）。这些经济合作计划都旨在利用各个次区域在原材料、劳动力成本、市场规模等方面的比较优势，推动各国开展合作并形成更为紧密的经济纽带，进而促进区域一体化，实现整个区域的繁荣与公正。在合作启动之初，亚洲开发银行就将基础设施发展列为其中的关键领域，并且识别了一系列的跨境基础设施项目。虽然很多国家由于基础设施薄弱，国家财政吃紧，项目的推进速度差距较大，但这些项目当今仍然是各次区域基础设施网络发展的主干。

南美洲的跨境基础设施发展计划始于2000年南美洲区域基础设施一体化倡议（Initiative for the Integration of South American Regional Infrastructure，IIRSA）的提出，阿根廷、玻利维亚、巴西等南美洲十二国首脑提出了以推进地区能源、电信和交通部门的物质基础设施一体化和现代化为主旨的本地区基础设施一体化倡议。基于此，2004年南美洲基础区域设施一体化倡议项目组合（IIRSA Project Portfolio）产生，这也成为南美洲跨境基础设施发展计划的雏形。随着南美洲基础设施与规划委员会（South American Infrastructure and Planning Council，COSIPLAN）的成立，当前南美洲区域基础设施发展的根本性依据即一体化优先项目议程（Integration Priority Project Agenda，API）得以推出，它通过项目的形式明确了跨境基础设施合作和建设的内容。

2013年，中国政府提出了涉及东南亚、南亚、中亚、中东和欧洲部分地区的"一带一路"倡议，基础设施互联互通作为先行领域，铁路、公路、能源等方面的跨境基础设施项目是其重要组成部分,而部分项目也与欧盟、东盟、南美洲的区域基础设施发展计划相契合。

三 第三阶段(1994年至今):跨境基础设施建设

1994年,英法海底隧道(又称欧洲隧道)的贯通不但标志着英国与欧洲大陆之间建立了方便、快捷的运输通道,更是欧洲区域一体化的积极推动力。虽然从这之后直至21世纪头十年,欧洲并没有进行大规模的跨境基础设施建设,但随着欧盟成员国的增加和欧盟委员会相继推出促进区域基础设施发展的政策和规划,欧洲的跨境基础设施建设逐渐成为欧洲一体化的核心任务之一,并且从当前的发展趋势来看,跨境基础设施建设将在今后很长一段时间内成为欧洲大陆上基础设施发展的重头戏。

在借鉴了欧盟经验并结合经济合作内容之后,东盟国家的跨境基础设施建设在亚洲开发银行的支持下率先于20世纪90年代在大湄公河次区域试水,东西经济走廊(East-West Economic Corridor,EWEC)、南北经济走廊(North-South Economic Corridor,NSEC)和南部经济走廊(Southern Economic Corridor)中的跨境公路相继建成,并且进一步以跨境公路项目为核心开发了其他多条经济走廊,跨境铁路和能源类项目也逐渐铺开,而中老铁路、中越铁路这样的项目也将次区域跨境基础设施发展与"一带一路"倡议相对接。另外,随着东盟互联互通计划的推出和"一带一路"倡议在东盟国家的不断推进,跨境基础设施将成为东盟地区今后基础设施发展的重要议题。

南美洲的跨境基础设施建设实际是在2011年首次推出API之后才逐渐铺开的,而2012年南美洲各国首脑合力推出的COSIPLAN战略行动计划(2012—2022年)则与API一同构建了2012—2022年的区域基础设施一体化格局并明确了主要合作和建设内容,这令南美洲的跨境基础设施合作获得了政治保障。当前,南美洲各国和本地区一体化组织在与国际金融组织合作进行跨境基础设施融资的同时,也积极与中国政府和企业对接,谋求与"一带一路"共发展的机会。

第二节　跨境基础设施的属性

从上述对于全球跨境基础设施发展历程的阐述不难看出，跨境基础设施既是区域一体化的产物也是区域一体化的基础之一，它的建设和发展不仅旨在促进一个区域内基础设施的互联互通，也应有利于区域整体基础设施水平的提高，这令其具备了区域公共产品的属性，而这一属性也决定了跨境合作对其具有特殊和重要的作用。

一　跨境基础设施作为区域公共产品的性质

随着全球化的发展和区域一体化的推进，公共产品的供给与需求也突破了国家地理和政治边界的限制，介于全球公共产品和国内公共产品之间的区域公共产品进入了人们的视野。作为公共产品理论在国际问题领域的应用，区域公共产品是指由区域内国家联合提供的，服务于本地区的繁荣与稳定的跨国公共产品，可以是有形的基础设施或无形的制度。一般而言，按照公共产品收益的范围可以将公共产品分为国内公共产品和国际公共产品两类，而国际公共产品又分为全球性国际公共产品以及区域性国际公共产品。①

跨境基础设施是地理上跨越两个或两个以上国家，或具有重大跨境影响的国家基础设施。典型项目如：能够产生国际交通影响的跨国运输基础设施项目、涉及向邻国销售电力的跨境电网项目、联通两国的电信网络项目等。②从这一定义来看，如国内基础

---

① 樊勇明主编：《区域国际公共产品与东亚合作》，上海人民出版社2014年版，第52页。
② Manabu Fujimura, Ramesh Adhikari, "Critical Evaluation of Cross-border Infrastructure Projects in Asia", *ADBI Working Paper Series*, No. 226, July 2010, p. 4.

设施一样，其本质仍然是向居民生活和社会生产提供公共服务的物质工程设施，属于公共产品范畴；另外，由于其外溢范围至少是两国或多个国家，因此基于区域概念的弹性和不确定性，跨境基础设施的外溢范围也可说是某一区域之内。因此，跨境基础设施被视为一种区域公共产品。

基于公共产品理论，区域公共产品"公共性"的特征在于利益的非竞争性和对非付费者的排他性，即一个国家享有一种产品的利益时不会减少区域内其他国家的消费机会，供给者不能排除其他潜在国家从产品中获益[1]，而跨境基础设施则因其非竞争性和对非付费者的排他性被划入区域性"俱乐部产品"的范畴。例如，跨境高速公路可以通过收取通行费的方式来排除非付费者从产品中收益。毫无疑问，这种建立在使用者付费和联合供给基础上的"俱乐部产品"能够有效减少非"俱乐部"成员的"搭便车"现象并为产品提供融资，而"俱乐部"成员之间公平和有效的安排则是实现供给的决定性因素，因为很多不发达国家可能支付不起会员费而令产品无法供给，或者由于经济能力的差距让产品被"俱乐部"中的一些国家或某一国家"私物化"，最终让产品丧失区域公共产品的功能。从这一方面来看，"俱乐部"成员间的合作无疑是实现这种安排的有效途径。

二 跨境基础设施的分类

如上所述，跨境基础设施作为区域性"俱乐部产品"，其收益外溢范围应为"俱乐部"的成员国家所组成的整个区域，那么如何衡量这种产品所带来的收益，又怎么样才能增加这种产品带来的收益呢？这或许可以从跨境基础设施在区域公共产品中的分类来寻找答案。

目前，区域公共产品有两种分类方法，一种是由坎布尔

---

[1] ［美］托德·桑德勒（Todd Sandler）:《区域性公共产品的需求与制度》，载［西］安东尼·埃斯特瓦多道尔、［美］布莱恩·弗朗兹、［美］谭·罗伯特·阮《区域性公共产品：从理论到实践》，张建新、黄河、杨国庆等译，上海人民出版社2010年版，第15页。

(Kanbur)等人①提出的以收益外溢范围和产品种类两个维度相结合为标准的分类方法，这种方法将公共产品分为纯公共产品、准公共产品、俱乐部产品和混合产品四类，外溢范围分为国家、区域和全球。这种方法虽然从手段取向②对区域公共产品进行了分类，但对于如何判断每一种产品的收益有所缺陷，而理查德·科恩斯（Richard Cornes）和桑德勒③在杰克·赫什莱菲（Jack Hirshleifer）④基础上加以发展的将收益外溢范围和汇总技术（aggregation technologies）相结合的区域公共产品分类方法对"加总"一种汇总（aggregator）进行了扩展，形成了基于六种汇总技术的区域公共产品类型，而这一成果为如何衡量区域性公共产品的收益提供了理论支撑。根据这一分类标准，跨境基础设施被归为了汇总技术为"权重加总"（weighted sum）和"最弱环节"（weakest link）类的区域公共产品。其中，"权重加总"意味着此类产品的供给总和等于各国贡献乘以不同权重后相加之和，并且各国的供给不再具有完全替代性；"最弱环节"则指某一区域公共产品带来的收益取决于贡献最小的国家，整个体系取得成功的标准取决于最低程度的努力⑤。根据这一分类，跨境能源网络被划为"权重加总"类的区域俱乐部产品，跨境机场和航运网络为"最弱环节"类区域俱乐部产品，跨国高速公路和铁路则为"较弱环节"类区域俱乐部产品。"较弱环节"是"最弱环节"不那么极端的表现形式，在这类区域公共产品中，最小贡献对产品供给总水平影响

---

① Kanbur Ravi, Todd Sandler, Kevin Morrison, *The Future of Development Assistance: Common Pools and International Public Goods*, Washington, DC: Overseas Development Council, 1999, p. 69.

② Ferroni Marco, Ashoka Mody, *International Public Goods: Incentives, Measurement and Financing. Dordecht*, NL: Kluwer Academic Publishers. 2002, p. 23.

③ Richard Cornes, Todd Sandler, Easy Rider, "Joint Production and Public goods", *Economic Journal*, Vol. 94, No. 3, 1984, pp. 580–598.

④ Jack Hirshleifer, "From Weakest-link to best-shot: The Voluntary Provision of Public Goods", *Public Choice*, Vol. 41, No. 3, 1983, pp. 371–386.

⑤ Sandler Todd, "Global and Regional Public Goods: A Prognosis for Collective Action", *Fiscal Studies*, 1998, Vol. 19, No. 3, pp. 221–247.

最大，但是次小贡献也有影响。①

跨境基础设施收益的获得将依赖于"俱乐部"每一个成员的共同努力，没有哪一个国家能够完全替代其他国家的努力，而收益的获得水平其实将由所有参与国家来决定，而其中"最弱环节"和"较弱环节"的加强是提高收益的关键。从这一点上来看，属于区域"俱乐部产品"的跨境基础设施在成员之间认可俱乐部安排并合作的情况下，将会有利于提高产品的供给效率，但当成员国家之间存在能力差异和比较优势等方面的问题，便可能会产生由于部分供给者将产权私有化带来的不公平现象，而这可能导致出现成员退出俱乐部的情况。因此，从跨境基础设施所属的区域公共产品类型来看，国家能力和国家间合作是产品供给和收益获得的关键。

三 跨境基础设施的供给机制

从上述对跨境基础设施所属的区域性公共产品类型来看，如何让"俱乐部"成员国家合理和有效地做出贡献是确保产品供给的关键，而怎样来提高最小贡献者的贡献，则是提高整体收益的要点。因此，有效的跨境基础设施供给机制必须同时能够满足这两方面的要求。根据布鲁斯·拉希特（Bruce Russett）和哈维·斯塔尔（Harvey Starr）② 提出的六种供给机制来看，通过区域内霸权国利用政治、经济优势强制成员国支付相应费用来进行供给的机制已经受到了很多批评和质疑，因为霸权国家通过高压形式供给的区域公共产品已经被"私物化"，并不是"俱乐部产品"，而且这种产品给发展中国家带来了巨大的干预与限制。与此同时，由区域团体内的某一个或少数成员国承担公共成本的供给机制也不

---

① ［美］托德·桑德勒：《区域性公共产品的需求与制度》，张建新译，载［西］安东尼·埃斯特瓦多道尔、［美］布莱恩·弗朗兹、［美］谭·罗伯特·阮《区域性公共产品：从理论到实践》，张建新、黄河、杨国庆等译，上海人民出版社2010年版，第19页。

② ［美］布鲁斯·拉希特、［美］哈维·斯塔尔：《世界政治》，王玉珍等译，华夏出版社2001年版，第380—382页。

能满足跨境基础设施的要求，因为这不仅让少数国家在产品供给中有了将产品私有化的机会，也变相鼓励了"搭便车"。从这一点来看，其他四种供给机制似乎更适合于跨境基础设施，即让成员国获得相应报酬来提供产品的供给机制、区域集团利用成员国的私人产品诱导其他国家加入并分担部分公共产品成本的供给机制、通过达成区域共识和增强区域认同来提供产品的供给机制和区域内成员通过一系列的协议来相互协作的供给机制。

不难看出，这四种供给机制都是以区域内成员国家间不同形式的合作为核心的，但从实践经验来看，不论是欧盟、东盟，还是南美洲，都并非以单一的供给机制来实现跨境基础设施的发展，而存在着多种供给机制并存的现象。正如奥斯特罗姆所言，"区域性公共产品的供给机制应该是具有多重性以及差异性的"[1]，区域公共产品的供给机制主要取决于合作主体间的经济规模和发展意愿，从而实现经济效益和社会效益的最大化。[2] 跨境基础设施作为区域公共产品，其供给机制的选择除了要考虑供给主体的地位、经济实力等因素外，更多地应该关注区域公共产品服务对象的范围和需求以及特定环境下的技术水平。[3] 因此，即便是既有的研究为跨境基础设施的供给机制选择提供了一些诸如区域多中心这样的理论依据，但其供给机制的选择依旧没有定式和套路，而应该根据区域经济发展水平、合作主体、合作内容和合作具体目的等多方面因素来确定，特别是面临着区域外大国参与时，成员国之间以及区域外大国与成员国之间的两种博弈会大大增加供给机制选择的难度。[4] 因此本书也不对跨境基础设施的供给机制进行深入

---

[1] ［美］埃莉诺·奥斯特罗姆：《公共事务的治理之道》，余逊达等译，生活·读书·新知三联书店 2000 年版，第 18 页。

[2] Nancy R, Buchan, "Reducing Social Distance: The Role of Globalization in Global Public Goods Provision", *Advances in Group Processes*, Vol. 28, No. 2, 2011, pp. 243–281.

[3] 樊勇明主编：《区域国际公共产品与东亚合作》，上海人民出版社 2014 年版，第 63 页。

[4] 张群：《东亚区域性公共产品供给与中国—东盟合作》，《太平洋学报》2017 年第 5 期。

讨论，而是结合具体项目对国家间合作内容以及合作影响因素进行研究。

第三节 跨境基础设施的特点

如上所述，跨境基础设施的供给并没有所谓的固定模式，其供给更多地取决于国家间的合作内容和合作目的以及国家的能力。那么，在选择或设计跨境基础设施供给模式的过程中是否有一些普适性的原则呢？本书认为，这可以从分析跨境基础设施的特点来得到答案。

一 匹配性

跨境基础设施的匹配性是指在提供跨境基础设施这种区域公共产品时，各个国家的政府应该承担与受益范围一致的责任，这一点的理论来源是财政学中的匹配性原则（correspondence principle）。根据约翰·米克塞尔提出的公共财政理论，匹配性原则作为一种将供应各种公共产品的责任在各个政府之间进行分配的规则，是指一个政府支出和提供公共产品的责任应与该政府服务的受益范围相一致。这意味着受益范围仅限某一地方的公共产品应由地方政府来提供，能使多个地方受益的公共产品应由省级政府来提供，能令全国受益的公共产品则应由国家政府来提供。如果这种匹配性不能实现，就可能会导致资源配置失当，政府可能对有些产品支出过多而另一些则供给不足，而这将导致公共产品的供给效率和质量降低，财政收入机制的构建也不合理。[①]

按照这一原则来类推的话，跨境基础设施作为区域公共产品，提供这一公共产品的不同实体之间也应该按照匹配性原则来分配责任，即受益于该基础设施的国家应该按照自己受益的大小来承

[①] ［美］约翰·L. 米克塞尔：《公共财政管理：分析与应用》，白彦锋、马蔡琛译，中国人民大学出版社 2005 年版，第 552 页。

担成本，让付出的资金能够完全被用于本国的受众。否则，便会出现成本—收益不匹配的问题，导致整体成本分担不合理，搭便车现象频现。然而，面对在外溢范围的认可和分配机制的构建上存在的分歧和故意拖延，跨境基础设施中受益范围与供给者责任匹配的问题并非可以顺利解决，因此理论界和项目实施者认为以跨境基础设施在区域公共产品中所属分类为基础，在区域组织的协调下来让各国一起承担成本是一种有效的途径。而鉴于部分国家在经济能力方面的不足，区域开发银行、基础设施基金将提供可行的融资途径，而通过公私合作模式令私人参与到跨境基础设施的供给中虽然会对成本分担机制设计带来新的挑战，但对于传统援助则可以提供有益的补充[1]，更好地促进跨境基础设施的供给。

二 辅助性

与匹配性一样，辅助性是来源于财政学中对政府提供公共产品责任进行分配的一般性原则。简单地说，辅助性原则（the principle of subsidiarity）是指在提供公共产品的过程中，应该根据对公共产品受益者或受益地区的偏好和需求尽可能将提供公共产品的权利和义务从上级政府向较低级的政府下放，这一方面提高了政府对于受众需求和偏好的反应速度和责任感；另一方面也使政府所提供的公共产品能够在数量、构成和质量方面与受益人偏好之间形成更加紧密对应，提高了公共产品的供给效率和质量。基于此，桑德勒认为区域公共产品的辅助性表现为决策制定的管辖权应该与公共产品的外溢范围一致，以此确保资源的有效分配，并且还通过本地化的利益促进了源于演进中的共同文化、规范和价值，鼓励区域间的创新和多边机制"使命蜕变"现象的产生。[2]

因此在跨境基础设施这类"权重加总"和"最弱环节"的区

---

[1] 黄河：《公共产品视角下的"一带一路"》，《世界经济与政治》2015年第6期。
[2] 袁堉：《区域公共产品的理论溯源》，载樊勇明、薄思胜《区域公共产品理论与实践——解读区域合作新视点》，上海人民出版社2011年版，第36页。

域公共产品供给中，按照辅助性原则，首先需要分析该产品涉及哪些地区或国家以及哪些人，进而分析包括政府、公共部门等在内的哪些实体对这些涉及的国家和人的需求和偏好最为了解，之后再决定通过哪些层级的实体来提供相应的产品并且建立相应的合作机制。然而，由于国家之间可能存在需求和偏好的差异，因此跨境基础设施的供给是以满足区域内成员国共同偏好为前提的。此外，国家治理能力较弱和缺乏区域内部主导国家可能会导致辅助性机制无法建立或存在缺陷，而区域开发银行或其他资金支持者则可作为合作伙伴来加强这一机制，促进区域内各国就共同偏好和需求进行政治协商并取得共识。

三 补充性

由于共同偏好和需求是跨境基础设施这一区域公共产品供给的前提，而国家之间的偏好和需求存在差异，因此该产品势必无法满足每一个国家的所有需求。因此它与国内基础设施之间是一种单方面的补充关系，而这即是跨境基础设施的补充性。

虽然从外溢范围上来看，国内的基础设施并不能对跨境基础设施形成补充，但从现实状况来看，如果一国能够非常有效地提供高质量和充足的国内基础设施，那么其正外部性将使其他国家受益，而这种国内基础设施具有转变为跨境基础设施的可能，一个典型的例子是坐落于某一国境内但向其他国家输送电力的水电站项目。这种水电站可能在建设之初并没有打算向邻国输电，但由于其所属国的电力基础设施发展迅速以致供过于求，而邻国的电力供给存在缺口，于是可能由相邻国家共同出资修建跨境电网并达成跨境购电协议。在这样的情况下，不但没有影响供电国国内电力供给，还增加了整个区域的电力供给水平，为区域的发展带来切实的好处。

综上所述，跨境基础设施的供给中国家本位是成功的前提，即参与提供该产品的"俱乐部"成员国家在合作过程中应该将其政治权威与产品所覆盖的区域相对应，应该将政治责任与产品受益范围相对应,应该将投入的成本与收益相对应。与此同时,参与供给该产品的决策既应该建立在受众的需求基础之上,也应该建立在国内政治结构和能力、国家的发展战略以及国家基础设施发展水平基础之上,而对于区域内主导国家的支持和区域性组织合法性的确认也必不可少。

第四节　中国参与的跨境基础设施项目开发现状

基础设施互联互通作为"一带一路"建设的优先领域[①],不仅是建设国际经济走廊的基础,同时也是改善沿线国家贸易条件和全球化深化发展的内在要求[②],而包括跨境公路和铁路、跨境能源运输管道、跨境电力与输电网络、跨境通信光缆等在内的跨境基础设施则是其中不可或缺的一部分。事实上,20世纪60年代由中国援建的坦赞铁路就已经掀开了我国参与海外跨境基础设施开发的篇章。特别是自2013年"一带一路"倡议提出以来,我国积极参与沿线区域的跨境基础设施开发与建设进入了高速发展阶段,有力地促进了新亚欧大陆桥、中蒙俄、中国—中亚—西亚、中国—中南半岛、中巴、孟中印缅六大经济走廊的建设。以下就分别从项目基本情况、合作内容、投融资方式等方面对我国参与的跨境基础设施项目开发和建设现状进行分析。

一　项目基本情况

根据上文中对跨境基础设施的定义,笔者对中国参与投资和

---

① 《推动共建"一带一路"的愿景与行动(全文)》,2015年3月28日,新浪网(http://news.sina.com.cn/c/2015-03-28/140031655780.shtml)。

② 王微:《"一带一路"基础设施互联互通需解决三大问题》,《中国经济时报》2016年6月23日。

建设的跨境基础设施项目进行了统计和分析。① 根据不完全统计，2013—2019 年我国以提供技术援助或低息贷款、工程总承包（EPC）、公私合作（PPP、BOT、TOT 等）等方式参与了共计 38 个跨境基础设施的投资和建设。其中，跨境能源基础设施项目 11 项，跨境交通基础设施项目 24 项（包括港口、铁路、公路、河道），跨境通信基础设施项目 3 项。从项目跨越国家边境的情况来看，超过一半的项目跨越中国国境，有近四分之一的项目跨越三国以上国境。从项目物理设施的所处国家来看，超过 90% 的项目位于发展中国家，除中国外主要是涉及缅甸、老挝、泰国、越南、巴基斯坦等东南亚南亚国家，哈萨克斯坦、乌兹别克斯坦等中亚国家，安哥拉、刚果、津巴布韦等非洲国家以及匈牙利、塞尔维亚等欧洲国家。从项目的建设内容来看，主要包括两国边境联通性基础设施兴建或升级、原有跨境基础设施的维护和升级、新建跨境基础设施三类。

　　从目前的建设数量来看，我国参与的跨境基础设施项目明显少于我国对单一国家投资和参与建设的基础设施项目数量，但跨境基础设施的影响范围不容低估。例如，由中国长江三峡集团与西班牙 ACS 集团组成企业联合体负责建设和运营的刚果金大英加水电站项目（第三期）就将为刚果河流域的刚果金、南非、赞比亚、坦桑尼亚、布隆迪、卢旺达、中非、喀麦隆、安哥拉等多个国家提供电力。② 另外，我国参与的部分跨境基础设施项目的开发和建设已经被纳入区域性组织的区域一体化发展规划，与区域的互联互通计划相对接，这无疑使项目的影响力得到进一步扩大。例如，由中国政府投资和建设的中老铁路就成为东盟互联互通计划以及亚洲开发银行大湄公河次区域经济合作计划的重要组成部分。可以预见，随着"一带一路"倡议的不断深化以及各国对互

---

① 为了确保项目信息的真实，笔者主要以"中国一带一路网"（https：//www. yidaiyi-lu. gov. cn）为数据来源进行项目信息的整理。

② 《汇总 2018 年最具代表意义的 10 个中资海外 PPP/BOT 项目》，2018 年 12 月 28 日，搜狐网（https：//www. sohu. com/a/285134571_ 100270729）。

联互通需求的增加，我国将会有越来越多的机会参与到全球跨境基础设施的发展中去。

二 项目合作内容

基于前文中对跨境基础设施属性的分析不难看出，项目相关国家和利益相关者的合作以及项目成本与收益的分配是跨境基础设施的开发与建设的重要基础。从当前我国参与的跨境基础设施项目的合作情况来看，其主要的合作内容包括投资合作、项目开发合作、项目建设合作、项目运营合作四方面，而合作对象也从相关国家政府、地方政府、地方公共管理机构等组织扩展到国际金融机构、非政府组织、跨国公司、当地民营企业、当地民间组织等。

第一，从项目投资合作方面来看，主要方式是以中国具有较强实力的国有企业为领头羊，以单独或者联合体的形式分别通过与其他国家的财团、国家政府、跨国公司等组织或机构进行联合投资，部分项目还成立了专门的投资公司来负责项目建设和运营期间的投资管理。例如，向津巴布韦和赞比亚两国供电的 Batoka Gorge 水电项目是由中国电建与美国通用电气公司（通用电气中国水电公司）组成的联合企业进行 40 亿美元的投资[1]；中铁国际与中国铁路总公司旗下的铁总国际与匈牙利铁路公司组建的联营体共同承担匈牙利—塞尔维亚铁路 14.5 亿美元的投资[2]；以中信集团为首的中国财团和缅甸政府以及当地企业共同承担缅甸皎漂港 90 亿美元的投资[3]，中方还就港口后期商业开发投资等事宜与缅方开展积极合作。值得注意的是，越来越多的中方民营企业也正

---

[1] 《中国电建与 GE 联合中标 40 亿美元赞比亚津巴布韦水电站》，2019 年 6 月 22 日，新浪网（http://finance.sina.com.cn/stock/usstock/c/2019-06-22/doc-ihytcitk6868170.shtml）。

[2] 《中铁、中铁总组成联合体中标匈塞铁路匈牙利段项目》，2015 年 11 月 26 日，中国路面机械网（https://news.lmjx.net/2015/201511/2015112614375196.shtml）。

[3] 《中缅签署皎漂深水港项目框架协议，缅方占股 30%》，2018 年 11 月 11 日，搜狐网（https://www.sohu.com/a/274630815_825950）。

在通过与国有企业进行合作来加入投资者队伍。

第二，从项目开发合作情况来看，除了传统的物理性基础设施的建设而外，还有很多项目就如何实现基础设施所处区域的开发、项目沿线的商业开发、当地就业增加与技能培训、当地其他基础设施的改善和开发等进行合作。例如，自 2016 年 12 月由中国投资建设的中老高铁项目全线开工以来，吸纳了沿线区域大量的乡镇青年和农民就业。据不完全统计，已有 3.2 万余人次在中老铁路中培训上岗，中国电建水电三局中老铁路项目还专门为老挝籍员工开办了培训学校，以带薪培训的方式鼓励广大老挝籍员工踊跃参与，如今已顺利毕业 300 余名老挝籍学员，并且他们大部分已成为项目建设的中坚力量。[①] 由中国投资的巴基斯坦瓜达尔港除了建设港口基础设施外，也与当地公用事业和教育部门积极合作，通过安装海水淡化设施，在满足港口内生产和生活需要的同时，计划与当地供水部门合作向当地百姓每天提供 100 万加仑淡水，以解决当地缺水的问题。此外，项目建设方积极与当地教育部门和中国和平发展基金会合作，在瓜达尔捐建了中巴法曲尔小学，以解决当地基础教育设施不足的问题。[②] 从当前的发展趋势来看，中国参与或投资的跨境基础设施项目在合作内容上日渐丰富，逐渐形成了旨在提高项目社会效益的项目组合，也成为中国企业履行社会责任的重要途径。

第三，从项目建设和运营合作方面来看，由于部分项目采用了公私合作的形式进行项目融资，因此除了传统的在项目建设过程中开展合作外，在项目维护、经营和开发中也开展不同层次的合作，其中包括与当地建筑公司、当地建筑材料供应商、当地政府和监管等部门的合作，以及与跨国建筑企业、中国国内基础设施运营管理公司的合作。例如，由中国提供贷款和中国铁建进行

[①]《中老铁路为老挝人民提供数万个工作岗位》，2019 年 3 月 6 日，中华人民共和国驻琅勃拉邦总领事馆（http://prabang.china-consulate.org/chn/lqxw/t1643431.htm）。

[②]《瓜达尔港——中巴经济走廊的璀璨明珠》，2018 年 8 月 26 日，新华网（http://www.xinhuanet.com/2018-08/26/c_1123331199.htm）。

总承包建设的亚吉铁路（埃塞俄比亚—吉布提）项目中，虽然全线采用中国标准和中国装备，设计方案的批复和工程验收也均由中国的咨询公司执行，但在运营过程中不断与埃塞俄比亚和吉布提相关部门进行合作，开通了多列粮食和钢管运输列车和化肥运输专列[1]，有效满足了当地发展经济和保障民生的需要，同时也提高了铁路的利用率增加了收益。值得注意的是，诸如美国通用电气（GE）这样的跨国公司，正在通过参与包括跨境能源基础设施在内的中国对外投资基础设施项目和很多中国企业建立了长期的战略合作关系。

三 项目融资模式

由于跨境基础设施项目的建设资金需求量巨大，并且其效益外溢范围已超越国家，因此参与国之间往往在成本分担上存在分歧，加之很多经济实力较弱的发展中国家政府无法提供充足的政府资金支持，因此项目融资问题一直是跨境基础设施发展的一个难题。从当前我国参与或投资的跨境基础设施项目情况来看，项目融资模式主要可以归纳为中方贷款、公私合作和承包商参股三种，以下就结合一些例子对具体情况进行说明。

从笔者统计的中方投资和参与建设的 38 个跨境基础设施项目融资情况来看，其中有 9 个项目利用了中方提供的优惠贷款，并且此类贷款是其中 5 个项目唯一的资金来源。作为中巴经济走廊建设的早期收获项目，一期计划在中巴边境红其拉甫口岸和巴北部城市拉瓦品第之间的中巴跨境陆缆传输系统于 2016 年开工建设，承建方为中国华为公司，合同总金额 4400 万美元，资金来源为中国进出口银行提供的优惠贷款。[2] 坐落于非洲国家多哥和贝宁界河莫诺河上的阿贾哈拉水电站是中国、多哥、贝宁三国元首商

---

[1]《亚吉铁路运营半年：打造非洲最好铁路》，2018 年 7 月 30 日，搜狐网（https://www.sohu.com/a/244193024_684576）。

[2]《中巴跨境光缆项目开工仪式在吉尔吉特举行》，2016 年 5 月 20 日，人民网（http://world.people.com.cn/n1/2016/0520/c1002-28367840.html）。

定的三方合作大型基础设施项目,是西非地区第一个跨境三方合作项目,该项目用中国政府提供的优惠贷款进行建设,贷款由中国进出口银行发放。① 非洲几内亚的凯乐塔水电站和苏阿皮蒂水电站用中国进出口银行提供的优惠出口买方信贷开展融资,由中国长江三峡集团中国水利水电对外公司承建,并且中国水利水电公司还与几内亚财政部和政府签订了特许经营协议和购电协议。②

伴随着BOT、PPP、TOT等公私合作模式在世界各地基础设施领域的推广和应用,以及我国企业相关实践经验的积累,包括上述几内亚凯乐塔水电站在内的一批采用公私合作模式开展融资和建设的跨境基础设施项目相继出现,并且由于在前期合作中树立的良好信用,越来越多的国家愿意采用这种方式与中国开展跨境基础设施开发的合作。例如上文提到的亚吉铁路,作为我国海外首个集设计标准、投融资、监理、装备材料、施工和运营管理为一体的"全产业链中国化"的铁路项目,项目采用BOT模式进行项目融资,项目融资方为中国进出口银行,埃塞俄比亚段铁路70%的资金和吉布提段铁路85%的资金使用商业贷款。另外,中国铁建中土集团拥有吉布提铁路10%的股份,该铁路的运营商为中国铁建中土集团牵头的中方联营体。③

事实上,除了BOT模式外,近年来中国部分工程承包企业将参与项目的运营维护列为企业的业务拓展方向,从单纯的工程施工者转变为投资者和运营服务商,从总承包的"交钥匙工程"转向"建营一体化"模式,以EPC(交钥匙)+O(运营)等合同形式进行包括境外跨境基础设施项目的开发,实现从投融资、设计、施工到运营在内的基础设施全产业链闭环输出。从业主方面来看,部分国家的政府财政吃紧和国内企业财务能力下滑导致基

---

① 《中国水电承建的阿贾哈拉水电站项目开工》,2015年12月28日,搜狐网(https://www.sohu.com/a/50838044_114891)。
② 《申请11.75亿美元!几内亚苏阿皮蒂水利枢纽项目贷款协议正式生效》,2019年9月5日,搜狐网(https://www.sohu.com/a/338837140_100113069)。
③ 《专访中国铁建董事长孟凤朝:亚吉模式是国际产能合作新样板》,2019年5月15日,新浪网(http://finance.sina.com.cn/roll/2017-05-15/doc-ifyfecvz1322905.shtml)。

础设施建设资金不足，提出了承包商参股投资 EPC 的融资模式，也给国内基础设施建设领域的企业提供了海外投资的机会。

本章小结

跨境基础设施对于全球经济发展的作用早已被历史证明，但在 20 世纪冷战结束后它进入了一个全新发展阶段。在全球性公共产品供应不足和霸权国将公共产品"私物化"的客观背景下，多个国家共存的区域中存在共同需求和共同利益，通过区域内国家合作的方式提供区域公共产品，是目前在变化中的国际大环境下区域治理的新途径之一[①]，而跨境基础设施正是区域一体化中重要的区域公共产品。作为区域公共产品中的"俱乐部产品"，虽然跨境基础设施的供给并没有固定的供给模式，但国家本位是成功供给的前提，即参与提供该产品的"俱乐部"成员国家在合作过程中应该将其政治权威与产品所覆盖的区域相对应，应该将政治责任与产品受益范围相对应，应该将投入的成本与收益相对应。此外，供给该产品的决策既应该建立在受众的需求基础之上，也应该建立在国内政治结构和能力、国家发展战略以及国家基础设施发展水平的基础之上，而区域内主导国家和区域性组织合法性的支持也必不可少。

---

① 樊勇明：《区域性国际公共产品——解析区域合作的另一个理论观点》，《世界经济与政治》2008 年第 8 期。

第 二 章

欧盟、南美洲及大湄公河次区域的跨境基础设施发展比较

冷战结束后,由于苏联的解体以及世界贸易组织(WTO)和国际货币基金组织(IMF)为代表的全球性公共产品出现了被美国严重"私物化"[①]的倾向,区域化逐渐成为一种全球性发展趋势,欧洲、南美洲和东南亚各国都尝试通过区域内合作来共同生产和提供本地区发展所需的各种公共产品,而跨境基础设施正在此时应运而生,并且在迄今为止的近三十年里迎来了极大的发展,而依靠"超国家权力"的欧盟、提出"南美洲区域基础设施一体化倡议"的南美洲十二国和在亚洲开发银行领导下的大湄公河次区域却分别探索出了不同的开发道路,并成为当今跨境基础设施发展的代表性区域。本章就将对这三个区域的跨境基础设施发展历程、项目规划、项目投融资和组织情况进行对比分析,以便为后续的研究奠定基础。

第一节 欧盟、南美洲及大湄公河次区域的跨境基础设施发展历程

虽然从世界经济发展的历史来看,跨境基础设施对于促进国

---

① 所谓"私物化",是指霸权国将原本应该服务于整个国际社会的公共产品变成为本国谋取私利的工具。(参见樊勇明、薄思胜《区域公共产品理论与实践》,上海人民出版社2011年版,第23页。)

家间贸易和经济增长的作用早已显现,但在第二次世界大战之后,世界政治格局的剧烈变化和区域一体化的兴起赋予了跨境基础设施新的历史责任和价值,而跨境基础设施在不同地区的发展也有着截然不同的"经历",欧盟、南美洲和大湄公河次区域可谓是走出了各具特色的道路。

一 欧盟的跨境基础设施发展历程

第二次世界大战结束后,为了进行欧洲重建和维护地区的安全和稳定,用来协助马歇尔计划的欧洲经济合作组织在美国的发起下成立,至此也拉开了欧洲区域一体化的大幕。然而,从1952年建立的欧洲煤钢联营体,到1957年的《罗马条约》,再到1967年欧洲煤钢共同体、欧洲经济共同体和欧洲原子能共同体合并为欧共体,其间都没有开展大规模的跨境基础设施规划和建设。直到1988年,当时的欧共体委员会主席雅克·德洛尔(Jaques Delors)除了进行欧共体委员会和成员国政府共同管理区域建设资金的改革外,还令欧共体委员会直接参与基础设施项目的执行和准备,而这也成为真正影响欧洲跨境基础设施规划和建设的第一项政策。同年,欧共体委员会发布的切克奇尼报告(Cecchini Report)对欧洲没有形成统一市场的代价进行了详细分析,并指出应通过基础设施联通来促进各成员国间贸易、资本、人力资源的流动,进而提升欧洲的整体利益。[①] 基于此,1991年年底签署的《欧洲联盟条约》正式提出建立欧盟基础设施网络,并明确了欧盟应该采取的政策和措施,但跨境基础设施的发展和合作并没有在此时被正式提上议事日程。

在经历了1998年金融危机之后,欧洲基础设施系统的脆弱性以及基础设施投资不足的问题再次受到了审视,欧盟委员会认为成员国国家之间基础设施发展质量的差异大大减弱了欧盟整个区域的竞争力和发展能力,并强调发展互联互通基础设施网络的重要性。为此,欧盟委员会基于对当时欧盟成员国之间基础设施联

---

① Commission of the European Communities, Cecchini P (1988) Report: The European Challenge: The Benefits of a Single Market, SEC (88) 524 final, 1992, Brussels.

通的主要障碍和瓶颈，制订了包括能源和交通两大领域的基础设施互联互通网络计划，而这也成为欧盟跨境基础设施合作进入实质性发展的开端。

作为欧盟国家跨境交通基础设施发展的依据，欧盟委员会提出的泛欧交通运输网络政策（Trans-European Transport Network Policy）对欧盟区域内的公路、铁路、内河航道、海上航线、港口、机场等基础设施的联通和网络形成开展了两个层面的规划，一个是联结关键节点的核心交通基础设施网络，另一个是覆盖整个地区的综合性交通基础设施网络。能源跨境基础设施方面，欧盟委员会制定了泛欧能源网络（Trans-European Networks for Energy, TEN-E）战略，并且于2013年颁布了TEN-E条例（TEN-E Regulation），该法规反映了欧盟一次能源基础设施的需求，并且决定以提供资金和简化审批手续等措施促进区域内的关键性能源基础设施项目的开发和建设，而这些项目均是基于TEN-E战略中制定的9个优先通道（priority corridor）和3个优先主题领域（priority thematic areas）提出的跨境能源基础设施项目。在上述这些政策中，除了明确欧盟委员会、欧盟理事会、欧盟成员国政府及交通和能源监管当局的职责与角色外，还就其他项目利益相关者的参与方式和权益进行了规定，并且为了确保跨境基础设施项目能够获得实施的"优先权"，提出了有关项目选择与决策、项目投融资与投资激励、项目协调与监督等各方面的项目治理机制，而这些都成为当前欧盟跨境基础设施实施的关键性基础。

从实施现状来看，欧盟的跨境交通基础设施合作推进最快，目前已在欧洲部分地区实现了多模式联运。仅从欧盟的核心交通基础设施网络[①]来看，正在实施和计划实施的跨境基础设施项目

---

① 注：欧盟的核心交通基础设施网络包括九大交通走廊：大西洋交通走廊（Atlantic Corridor）、波罗的—亚德里亚走廊（Baltic-Adriatic Corridor）、地中海走廊（Mediterranean）、北海—波罗的走廊（North Sea-Baltic Corridor）、北海—地中海走廊（North Sea-Mediterranean Corridor）、东部—中部走廊（Orient-East Med Corridor）、莱茵河—阿尔卑斯走廊（Rhine-Alpine Corridor）、莱茵河—多瑙河走廊（Rhine-Danube Corridor）、斯堪的纳维亚—地中海走廊（Scandinavian-Mediterranean Corridor）。（资料来源：https：//ec.europa.eu/transport/themes/infrastructure/ten-t_en）。

50 项，其中 35 项为铁路或高速铁路项目，9 项为内陆航道项目，6 项为公路项目。此外，正在实施的还包括海上高速公路项目（Motorways of the Sea）和欧洲铁路交通管理系统（European Rail Traffic Management System）。其中，海上高速公路项目作为海事网络的支柱，其主要包括短距离海运线路、港口、联合海事基础设施等内容。欧洲铁路交通管理系统则将取代目前二十多国的铁路控制系统，从而实现对整个欧洲铁路运行的统一管理。① 相比之下，受到国际局势以及欧洲各国的能源安全考虑的影响，欧盟的跨境能源基础设施建设有所滞后，对此，欧盟进一步调整了项目清单，并且对项目监督、投融资激励、项目协调等方面做出改进。在 2019 年 10 月提出的最新一份共同利益项目（Projects of common interest，PCIs）② 清单中，包括 150 余个跨境能源基础设施项目，这些涉及电力传输与存储、智能电网、石油和天然气传输与存储和二氧化碳网络的项目将在 2019—2021 年予以实施。客观来说，欧盟是当今全球跨境基础设施合作开展最为成功的地区，其具体合作开展情况将在下文中进行阐述。

二 南美洲的跨境基础设施发展历程

虽然近百年以前的泛美洲公路就已开启了南美洲的跨境基础设施发展大幕，但真正由南美洲自己主导的跨境基础设施合作则始于南美洲区域基础设施一体化倡议（Initiative for the Integration of South American Regional Infrastructure，IIRSA）的提出。2000 年 8 月 31 日至 9 月 1 日在巴西的巴西利亚举行的首届南美洲首脑峰会上，包括阿根廷、玻利维亚、巴西、智利、哥伦比亚、厄瓜多尔、圭亚那、巴拉圭、秘鲁、苏里南、乌拉圭、委内瑞拉在内

---

① European Commission. Trans-European Transport Network (TEN-T), https://ec.europa.eu/transport/themes/infrastructure/ten-t_en.

② PCI 是连接欧盟国家能源系统的关键跨境基础设施项目，它至少是欧盟泛欧能源网络战略（TEN-E）十二个优先走廊或领域的一部分，并且至少涉及两个成员国并且能够产生重大的跨境影响。[资料来源：The European Parliament and The Council. *Guidelines for trans-European energy infrastructure*. Regulation (EU), No. 347/2013, 17 April 2013, p. 8。]

的南美洲十二国首脑提出了以推进地区能源、电信和交通部门的物质基础设施一体化和现代化为主旨的南美洲地区基础设施一体化倡议。[①] 作为南美洲经济和社会可持续发展的基础和南美洲一体化的关键因素，该倡议的目标是在南美十二国政府、多边金融组织、区域内和国际私人投资者之间建立包括项目计划、投融资和监管的协调与合作机制，在具备较大增长潜力、统一技术标准和可行运行条件的市场和地区建立能源、电信和交通方面的联系。

从南美洲跨境基础设施合作推进的情况来看，大致可以分为三个阶段。第一阶段中，在南美洲区域基础设施一体化倡议下，南美洲在 2004 年第一次被作为一个整体来进行发展规划，并且产生了南美洲区域基础设施一体化倡议项目组合 (IIRSA Project Portfolio)。这是一个基于国土规划方法论而制定的涉及交通、能源和通信三大领域的能够对区域一体化和社会经济发展产生深远影响的项目集。在之后的 2005 年，为了加速区域基础设施的物理性互联，基于共识的实施备忘录 (Implementation Agenda Based on Consensus, AIC) (2005—2010 年) 开始制定，根据项目是否得到了国家承诺和战略优先权、是否是锚定项目[②]、是否具有良好的短期融资和实施前景三个方面选择了 31 个项目。然而，由于参与国家间的跨境基础设施合作机制并未形成，因此这一阶段并没有开展实质性的合作，项目仅仅落于纸面。

由于注意到了跨境基础设施发展中国家间合作平台缺失给项目实施带来的阻碍，南美洲各国首脑于 2008 年创立了南美洲国

[①] ［美］尤安·何塞·塔昆：《南美洲地区基础设施一体化倡议：可持续发展的战略选择》，汪晓风译，载［美］谭·罗伯特·阮、［美］布莱恩·弗朗兹、［西］安东尼·埃斯特瓦多道尔编著《区域性公共产品：从理论到实践》，张建新、黄河、杨国庆等译，上海人民出版社 2010 年版，第 303 页。

[②] 锚定项目：锚定项目是区域基础设施网络中的瓶颈或缺失环节，其阻碍了区域基础设施网络经济社会综合效应的优化和利用。它不一定是规模最大货投资估算金额最高的项目，但却可以作为已识别项目的分组依据，组内项目必须围绕锚定项目实现协同作用。（资料来源：South American Infrastructure and Planning Council, Integration Priority Project Agenda, 2017, p. 168。）

家联盟（Union of South American Nations，UNASUR），并将其作为区域高级别政治商议和协调的平台，而南美洲的跨境基础设施合作也在此时进入第二阶段。在这一阶段中，在南美洲国家联盟和各国首脑的号召和组织下，根据南美洲区域基础设施一体化倡议的主要内容成立了多个部长级委员会，南美洲基础设施规划委员会（COSIPLAN，South American Infrastructure and Planning Council）就是其中之一，该委员会的主要工作就是为了实现区域基础设施的一体化而识别和选择一系列能够有效促进区域一体化的基础设施项目，而其目前最重要的工作成果就是推出了南美洲国家跨境基础设施合作的重要依据——"一体化优先项目议程"（Integration Priority Project Agenda，API）。与 AIC 不同，API 由一系列单个或多个独立项目组成，这些结构化的项目能够强化物理连接网络，在一定程度上增强现有基础设施的协同效应并且解决部分地区基础设施薄弱的现状，也从具体项目的层面明确了跨境基础设施合作的主要内容。在 2011 年首次推出之后，API 经过了多次的修改和扩充，有关跨境基础设施项目规划、评估、监控的方法也日渐成熟，成为南美洲跨境基础设施合作的重要理论支撑。

为了最大限度地保障 API 中项目的实施，南美洲各国首脑于 2012 年合力推出了 COSIPLAN 战略行动计划（2012—2022 年），而这项计划与 API 一同构建了 2012—2022 年的区域基础设施一体化格局并明确了主要合作和建设内容，这也令南美洲的跨境基础设施合作进入了一个新的发展阶段。从目前的情况来看，南美洲的跨境基础设施合作不仅规模在扩大，并且正在依据 API 开展区域、国家、项目层面的合作。具体合作情况将在下文中进行阐述。

三 大湄公河次区域的跨境基础设施发展历程[①]

20 世纪 90 年代初，在经受了十多年武装冲突和国内外政治动

---

① 本节内容参考 https：//aric.adb.org/initiative/greater-mekong-subregion-program 所载信息整理。

荡之后，老挝、缅甸、越南和柬埔寨等国的政治、经济和社会发展出现了诸多问题，落后的基础设施和不健全的公共制度严重阻碍了投资和商业活动的开展。因此，当和平再次到来的时候，这些国家都希望能够在政治环境相对稳定的时代重振经济。就在此时，亚洲开发银行（Asian Development Bank，ADB）提出了大湄公河次区域（Greater Mekong Subregion）经济合作项目，该项目涉及湄公河流域的中国、老挝、缅甸、泰国、越南、柬埔寨六国，旨在充分利用这些国家在原材料、劳动力成本、市场规模等方面的比较优势，推动各国形成更为紧密的经济纽带，进而促进区域一体化，实现整个区域的繁荣与公正。为实现这一目标，早在1992年项目启动之初，亚洲开发银行就将交通运输、能源、通信、环境保护、旅游、贸易、投资和人力资源开发确定为项目的八个关键领域，而大湄公河次区域国家的跨境基础设施也正是从这一时期开始发展的。然而，由于次区域内的国家大多基础设施薄弱，加之20世纪90年代后期该区域经济形势恶化，使得各国缺乏开展大量基础设施投资的资金实力，因此在1992—2000年，区域内的跨境基础设施建设并没有很多实质性的进展，但这一时期各参与国之间建立起的政治互信和对长期合作表达出的强烈意愿为今后的跨境基础设施发展奠定了良好的政治基础。

在近三十年的发展中，大湄公河次区域国家的跨境基础设施合作一共经历了三个阶段。第一阶段是1992—1997年，其间由亚洲开发银行牵头识别了多条跨境公路作为次区域发展优先项目，而这些项目的开发与建设也为日后的经济走廊建设奠定了基础。第二阶段是1998—2007年，伴随着经济走廊这一概念融入次区域发展计划，东西经济走廊（East-West Economic Corridor，EWEC）、南北经济走廊（North-South Economic Corridor，NSEC）和南部经济走廊（Southern Economic Corridor）作为运输走廊向经济走廊转变的优先走廊被付诸实践，而跨境公路项目便是其中的关键组成部分。2008年至今的第三阶段里，除了上述三个经济走廊外，北部经济走廊（Northern Economic Corridor，NEC）、东部经济走廊（Eastern Economic Corridor，EEC）、中部经济走廊（Central Economic Corridor，CEC）、西部经济走廊（Western Economic Corridor，WEC）、东北经济走廊（Northeastern Economic Corridor，NEEC）和南部沿海走廊（Southern Coastal Economic Corridor，SCEC）也全面进入规划和建设阶段，其中除了跨境公路项目外，铁路、能源类跨境基础设施也全面铺开。

在上述几个发展阶段中，作为区域开发机构的亚洲开发银行在发展规划的基础上推出了具体的实施计划，给次区域六国的跨境交通基础设施发展指明了方向。与此同时，凭借其在组织结构和项目管理能力上的相对优势，亚洲开发银行充当着各类跨境基础设施项目的"忠实中介人"，不仅为次区域内国家治理能力不足的国家提供着充分、完整和连贯的支持、援助和协调，也为项目本身提供着融资、技术和管理方面的知识以及搭建促成项目合作的各种平台，为后续的各国政府参与和项目落实奠定了基础。目前，该区域中的东西经济走廊、南北经济走廊和南部经济走廊依托的跨境公路运输通道已基本建成。这些跨境公路在建设过程中通过与沿线地区的二级公路相连进一步形成了经济走廊运输网络。与此同时，在充分考虑了双边或多边行动基本原则、次区域各国通关程序和东盟等组织的相似规定之后，大湄公河次区域跨境交通协议[①]在亚洲开发银行的技术援助下诞生，该协议适用于次区域中的绝大部分跨境公路运输线路。此外，通过利用亚洲开发银行的贷款，次区域的跨境电力网络建设也初见成效，同时还在积极筹建电力贸易区域协调中心以及清洁和可再生能源开发和利用网络。在电信方面，目前大湄公河次区域国家电信系统的光纤互连已经到位，并签署了关于进一步加快信息高速公路建设及其在次区域中应用的联合合作谅解备忘录，

---

① 该协议的正式全称为《柬埔寨王国、中华人民共和国、老挝人民民主共和国、缅甸、泰王国、越南社会主义共和国关于商品和人员跨境流动的政府间双边和多边协议》。

旨在促进信息和通信先进技术的普及，并加快次区域的电信统一参数和技术的实现。

第二节 欧盟、南美洲及大湄公河次区域的跨境基础设施项目规划比较

虽然从上述关于欧盟、南美洲及大湄公河次区域的跨境基础设施发展历程来看，不论是发展的背景、发展的时间、覆盖的地理范围，还是项目发起人的性质和项目规划方式等都大相径庭，但通过笔者的对比分析发现，这三个地区都十分重视项目规划这一环节，并且主要通过项目选择和项目评估来确保项目符合区域基础设施网络形成、区域一体化发展的目标以及参与各国的利益。以下就分别对这三个地区在这两方面的具体情况进行对比和分析。

一 项目选择

跨境基础设施项目作为区域基础设施一体化的重要组成部分，它的选择和规划直接决定了区域跨境基础设施的发展质量，同时也对区域内的基础设施互联互通有着深远影响。为了令项目能够同时符合区域基础设施一体化发展目标和区域内各国基础设施发展的利益诉求，欧盟、南美洲和大湄公河次区域都在跨境基础设施的项目选择和决策过程中开展了积极的合作，并制定了相应的合作制度。

（一）欧盟的跨境基础设施项目选择

从欧盟方面来看，由于各成员国在国家基础设施管理制度、设施状况、资源水平、技术标准等方面存在差异，因此欧盟委员会决定将项目提出和选择的权力部分交给成员国，建立了让成员国通过合作来提出和选择跨境基础设施项目的机制，在考虑各国利益的同时推动跨境基础设施网络的建设。泛欧能源网络战略（TEN-E）中提出的共同利益项目（Projects of Common Interest,

PCIs）便是很好的例证。

　　PCIs 是连接欧盟国家能源系统的关键跨境基础设施项目，它至少是十二个优先走廊或领域的一部分，并且至少涉及两个成员国且能够产生重大的跨境影响。① 鉴于众多成员国都希望利于自身发展的项目能够进入 PCIs 名单，加之 PCIs 对于区域能源网络发展的重要性，欧盟委员会为了确保项目的"优先地位"及其跨境"正外部效应"的产生，通过立法形式确定了 PCIs 项目选择与决策机制。在项目提出阶段，依据十二个优先通道或领域所形成的次区域小组将基于每个优先走廊或领域所覆盖的地理范围来提出项目，项目发起人（project promoter）可以是 TSO、任何对 PCIs 感兴趣的投资者、配网运营商或其他系统运营商等任何根据国家法律具有法人资格的实体。② 候选 PCIs 提出后，将由评估小组进行评估，这些小组成员包括来自欧盟成员国政府、欧盟委员会、NRAs、项目发起人、TSO、ACER、ENTSO 的代表。这些小组将负责评估候选电力和天然气项目是否符合 PCIs 的评价标准及其给欧盟带来的效益。其中，欧洲中部和东部的跨境石油互联互通和跨境二氧化碳网络的相关候选项目将由欧盟委员会负责评估。③ 在评估过程中，项目还应通过听证会或直接咨询的方式向包括能源生产商、配网系统运营商、消费者和环境保护组织等开展咨询。完成候选项目的评估之后，欧盟委员会将基于法定行动程序批准一份 PCIs 清单，该清单随后由欧盟委员会提交给欧洲议会和理事会。议会和理事会将在 2—4 个月内决定是否支持该清单，如果获得肯定，该清单将会生效，并成为未来两年内欧盟跨境能源基础设施建设的对象，即便有人对清单提出反对意见，议会和理事会也不能要求对名单进行修正。④ 至今，欧盟已经按照上述的制度提

---

① The European Parliament and The Council, "Guidelines for trans-European energy infrastructure", *Regulation（EU）*, No. 347/2013, 17 April 2013, p. 8.
② Ibid., p. 9.
③ Ibid., p. 8.
④ Ibid., p. 1.

出了 4 份 PCIs 清单。

（二）南美洲区域基础设施一体化倡议中的跨境基础设施项目选择

与欧盟不同，南美洲基础设施一体化推进过程中并没有将跨境基础设施项目的提出权完全交给各国政府或其他利益相关者，而是开辟了另一种在项目选择过程中的合作方式。从目前南美洲跨境基础设施的定位和规划方案来看，所有项目的选择都是依托一体化和发展中心提出的，这类中心是一个特定自然资源、人类居住区、生产区和物流服务的多国领土空间，通过交通、能源和通信基础设施的连接，可以促进倡议参与国间货物、服务、人员和信息的流动以及与世界其他地区的交流，它是参与倡议的十二国首脑共同决策的结果。这类中心的设置充分考虑了各国的经济、社会、政治和环境特征，因此依托这些中心选择和设计的跨境基础设施项目不但符合各国的发展需求，也符合区域的整体发展目标，还能够在项目的推进过程中更好地实现各个层面的跨境和边境合作。从具体的项目组合设计情况来看，为了能让跨境交通基础设施更好地发挥作用，并且尽可能地实现通关便利化，目前规划的很多跨境交通基础设施项目都配套有跨境服务中心和跨境互联互通控制系统项目，这些项目都是建设在两国边境上的综合性全天候通关服务和管控设施，由此和跨境基础设施本身形成了功能更加全面的跨境基础设施项目群，降低了项目功能不全或不能实际开通带来的风险。

（三）大湄公河次区域经济合作中的跨境基础设施项目选择

相比上述两个区域，大湄公河次区域的跨境基础设施项目选择则呈现出了一种"松散"的合作状态。在经济合作计划提出的最初几年，由亚洲开发银行牵头识别了多条跨境公路作为次区域发展优先项目，其中包括诸多的核心工程，而这些核心工程促使各国致力于次区域合作，并建立和维护了责任和权利意识。然而，这种合作是在一种相对松散的制度安排下开展的，而这也导致了核心工程的筛选具有很大的弹性和实用主义色彩。① 在最初的几年内，大湄公河次区域项目的最高决策机构是每年一度的部长会议，六国部长在部门研究基础上筛选和确定核心工程，优先考虑改进、维护或复原工程，而非新建工程，考虑的关键因素则是资金筹集。由于纳入核心工程的项目能够得到亚洲开发银行的贷款或技术援助，因此各国之间就项目选择的合作更多是对项目能够带来多大效益和必要性的共同判断。然而，这种判断也并非需要"全票通过"，因为项目的实施主要由项目直接所属国决定，并不要求次区域全体成员国一致同意。例如，对于一个涉及三个国家的跨境公路项目，只要其中有两个成员国决定启动其所辖部分，那么这条公路就可以部分开工。

不难看出，虽然上述三个区域在开展跨境基础设施项目选择时采取了不同的合作方式，但都充分考虑了区域和成员国两个方面的利益诉求，这样选择出的项目不仅能够更容易被各国所接受而付诸行动、避免各国因项目而发生利益冲突，也能够更为客观和科学地安排项目资源，以促成区域基础设施互联互通目标的实现。

二 项目评估

项目评估是判断项目可行性和必要性的重要工作，其结果是对提出的项目进行筛选和决策的关键性依据。由于跨境基础设施项目相比于国内基础设施项目有很多不同之处，加之各国的项目评估制度存在差异，欧盟、南美洲和大湄公河次区域都开发了针对性的评估指标和方法，以便从区域整体发展的角度来对项目进行客观的评估。

（一）欧盟的跨境基础设施项目评估

由于在项目提出阶段可能面对来自很多方面的项目建议和项

---

① ［日］坂井和、［美］谭·罗伯特·阮：《区域性公共产品供给的协调：大湄公河次区域项目》，徐长春译，载［西］安东尼·埃斯特瓦多道尔、［美］布莱恩·弗朗兹、［美］谭·罗伯特·阮《区域性公共产品：从理论到实践》，张建新、黄河、杨国庆等译，上海人民出版社 2010 年版，第 385 页。

目利益相关者的不同利益诉求，欧盟委员会通过立法的方式对项目的选择标准进行了确定，并且对如何开展项目评估进行了规定。仍然以泛欧能源网络中的 PCIs 为例来看，根据欧盟理事会等机构批准的《泛欧能源基础设施指南》（Guidelines for Trans-European Energy Infrastructure），入选 PCIs 清单的项目必须符合的基本标准有：（1）项目必须是任何一条优先通道或领域所必需的；（2）项目的潜在总体效益必须超过欧盟规定的成本—效益标准；（3）项目必须有两个或以上成员国参加并对两个以上的成员国产生明显的跨境影响。与此同时，欧盟还对新能源项目、跨境二氧化碳网络等特殊领域的项目提出了具体的评价指标。[1] 其中，成本—效益分析是从整个欧盟能源系统的角度通过计算和衡量项目的成本和产生的正负面影响来确定项目是否可行和必要，并且为项目的成本分配提供依据。从具体内容来看，项目的成本包括资本支出、项目技术生命周期内的运营和维护支出以及相关的报废和废物管理成本；而效益则包括温室气体排放、系统同步操作、区域能源供给安全与调节、系统恢复力与系统安全等。[2] 从分析范围来看，不仅将涉及项目物理设施所在的国家，同时也会包括所有受项目影响较大的国家，最终结果将会确定项目对其产生净正面影响的成员国和项目对其产生净负面影响的成员国，这将会成为开展成本分配的最重要依据。在整个分析过程中，NRAs、ACER、TSO 都会参与其中，但最终结果将由欧盟委员会进行确认，如果一个被列入清单的项目在开展跨境成本分配过程中出现不符合欧盟法律或与欧盟能源政策不相符的情况，那么项目可能就此从清单中删除。[3]

（二）南美洲区域基础设施一体化中的跨境基础设施项目评估

在南美洲方面，为了令基础设施一体化倡议能够真正科学和

---

[1] The European Parliament and The Council, "Guidelines for trans-European energy infrastructure", Regulation (EU), No. 347/2013, 17 April 2013, pp. 8-9.
[2] Ibid., p. 15.
[3] Ibid., p. 11.

全面地推进，包括跨境基础设施项目在内的 API 项目的推出依托了一系列的方法论，这些方法论包括一体化国土计划（Integration Territorial Program，PTI）、灾害风险管理（Disaster Risk Management，GRD）、环境与社会评估（Environmental and Social Evaluation，EASE）和物流与生产一体化（Logistic and Productive Integration，IPRLG）。其具体内容如表 2-1 所示。

表 2-1　南美洲跨境基础设施项目规划与管理方法论汇总表

名称	主要内容
一体化国土计划	·在项目涉及各国协调一致的情况下识别并明确行动目标 ·识别项目的影响区域以及行动区域 ·识别项目为国土开发带来的问题、困难和机遇 ·在不同层面的政府和各类行业部门之间建立合作伙伴关系，并制订参与计划 ·建立包括资源与责任分配、实施时间表和管理模式的行动计划
灾害风险管理	·识别基础设施及其影响区域内的自然灾害风险因素 ·通过定义风险后果、风险特征、风险水平和可能的风险减轻行动来开展风险分析 ·识别风险发生时的可实施应对活动
环境与社会评估	·对项目在区域和国家层面的环境和社会问题进行分析 ·建立促进公民和全社会参与的计划 ·建立国家政府之间和关键参与人之间的对话机制
物流与生产一体化	·收集数据并提出通过项目实现区域生产和物流一体化的假设 ·通过咨询公众、企业、公司合作机构、贸易联合组织来确定假设 ·开展设施互联障碍和商业机会的识别，并提出具体实施行动计划

资料来源：根据 http://www.cosiplan.org 所载相关信息整理。

从表 2-1 可以看出，COSIPLAN 开发的这些项目规划方法论分别从项目时间、各国主权保障和国土开发、自然灾害风险与应对、环境与社会影响评估、物流和产业链延伸等方面对项目的影响和制约因素进行了分析，由此而推出的项目事实上已经实现了功能上的集成，并且符合区域整体基础设施发展的定位和各个成员国的基础设施发展要求。

(三) 大湄公河次区域经济合作中的跨境基础设施项目评估

如上所述，虽然亚洲开发银行对于大湄公河次区域跨境基础设施项目的选择采用了相对松散的方式，但这并不代表可以随意地提出项目并获得相应的资金。由于次区域六国大多基础设施薄弱，且发展基础设施的资金吃紧，因此都希望争取到亚洲开发银行的贷款或技术援助，故在项目提出的过程中平衡了国家发展计划与大湄公河次区域中提出的经济走廊发展计划，甚至根据次区域的经济合作发展情况调整了部分的国家基础设施建设规划。而亚洲开发银行方面，虽然没有就大湄公河次区域的跨境基础设施项目提出专门的评估方法，但根据既有的技术援助和贷款项目的相关评估办法对最早一批跨境基础设施项目进行了评估，并于2010年进一步提出了跨境基础设施项目的评估方法，该方法强调从项目市场收益、效率提高和福利收益三个方面来判断项目带来的国家利益、区域利益和影响。[①]

从上述内容来看，虽然三个地区的跨境基础设施项目评估方法和技术各不相同，但其核心点都可概括为成本收益平衡、实现多国受益、利于区域一体化发展。然而，由于上述的项目选择和项目评估过程涉及诸多利益相关者和影响因素，因此在实际实施中也出现了诸如拖延、内部斗争、民众抗议等很多问题，各地区也正逐步对其开展优化和调整。

第三节 欧盟、南美洲及大湄公河次区域的跨境基础设施投融资比较

如果说项目规划是从区域层面对应该发展什么样的跨境基础设施进行决策的话，那么下面要分析的项目投融资则是对用什么

[①] Manabu Fujimura, Ramesh Adhikari, "Critical Evaluation of Cross-border Infrastructure Projects in Asia", *ADBI Working Paper Series*, No. 226, July 2010, p. 2.

样的资金和怎样用资金来发展跨境基础设施进行的讨论。如前一章所述，作为区域公共产品，跨境基础设施的建设需要巨大的资金投入，其成本分配和收益获得则存在着不公平的可能性，而这种可能性会导致没有国家愿意出资进行建设或者出资国血本无归的局面，所有的项目规划也都将落为纸上谈兵。正因如此，欧盟、南美洲和大湄公河次区域都将项目投融资方面的合作视为必需。以下就分别从资金来源和投融资方式两方面来对比分析三个区域的跨境基础设施投融资情况。

一 资金来源

虽然跨境基础设施的发展对于增强区域竞争力和实现区域一体化来说十分重要，但其庞大的资金需求成为包括欧盟、南美洲和大湄公河次区域在内的希望发展区域基础设施网络的国家和地区的一道难题，筹措资金成了让美好愿景变为现实的当务之急。

（一）欧盟的跨境基础设施发展的资金来源

根据欧盟委员会的统计，2007—2013年和2014—2020年，欧盟成员国的交通网络建设资金预算分别为1160亿欧元和3518亿欧元[1]，这些资金除了来自欧盟成员国政府预算外，还来自欧洲区域发展基金（European Regional Development Fund）、欧盟联合基金（Cohesion Fund）、欧洲社会基金（European Social Fund）、欧盟团结基金（EU Solidarity Fund）和IPA（Pre-Accession Assistance）。[2] 欧洲能源网络建设方面，面对能源基础设施日益老化的局面，要建设能够满足未来区域能源需求、供给安全和可再生能源利用需求的区域能源基础设施网络大约需要1400亿欧元的电力投资和至少700亿欧元的天然气投资，其资金主要来源于联通欧洲设施基金（Connecting Europe Facility，CEF）、欧洲投资银行（European

---

[1] 根据 https：//ec.europa.eu/regional_policy/en/funding/available-budget/所载信息整理。

[2] 根据 https：//ec.europa.eu/regional_policy/en/funding/erdf/所载信息整理。

Investment Bank，EIB）、成员国政府出资等方面。在上述这些资金来源中，CEF 可谓是当前欧盟跨境基础设施主要的资金来源之一。CEF 是欧盟通过在欧洲层面进行有针对性的基础设施投资来促进增长、就业和竞争力的一个关键融资工具，它主要支持发展交通、能源和数字服务领域高性能、可持续和高效互联的泛欧网络，其投资将填补欧洲能源、交通和数字骨干网中缺失的环节。在资金来源方面，除了捐赠外，CEF 通过担保和项目债券等创新金融工具向项目提供融资支持，这些工具在使用欧盟预算方面产生了巨大的杠杆作用，由此吸引私营部门和其他公共部门向项目提供更多资金。2014—2020 年，CEF 投资约 330 亿欧元用以建设欧盟的能源、运输和数字基础设施[①]，而列入 PCIs 清单中的项目均获得了一定的资金支持。然而，面对严峻的经济形势和欧盟区域一体化在各方面的建设和发展，包括跨境基础设施在内的基础设施建设依旧面临很大的资金缺口，欧盟委员会正进一步制定项目投融资政策并成立了诸多投资基金来不断拓宽财源，其中也包括与中国的"一带一路"倡议进行对接。

（二）南美洲区域基础设施一体化中的跨境基础设施发展资金来源

跨境基础设施作为南美洲地区基础设施一体化中 API 项目的重要组成部分，其建设资金是依据 API 计划来进行安排和分配，因此 API 项目的资金来源能够在很大程度上体现跨境基础设施的资金来源情况。从目前的情况来看，API 项目的资金来源主要包括私人银行、美洲开发银行、双边合作基金、拉丁美洲开发银行、南方共同市场结构化联合基金、拉普拉塔合作基金、外国政府、私营机构、成员国国家财政和地方财政。其中，倡议参与国国家财政是项目建设资金的主要来源，但国际金融机构在其中的作用亦不容小觑。美洲开发银行（Inter-American Development Bank，IDB）作为 API 项目投资的主要国际金融机构，除了以无偿贷款、合作基金、与政府联

---

① 根据 https：//ec.europa.eu/inea/en/connecting-europe-facility 所载信息整理。

合投资等多种形式向项目提供直接贷款外,还向项目的联合融资提供担保。拉丁美洲开发银行(Development Bank of Latin America, CAF)则通过与美洲开发银行、欧洲投资银行(European Investment Bank,EIB)联合投资以及直接贷款的形式对部分项目进行投资。拉普拉塔合作基金(Fund for the Development of the River Plate Basin, FONPLATA)和南方共同市场结构化联合基金(MERCOSUR Structural Convergence Fund,FOCEM)则主要是通过相关政府合作开展联合投资,特别是对项目的可行性研究和执行阶段进行投资。值得一提的是,中国政府通过单方面出资设立的基金、对拉美地区基础设施专项贷款以及部分中国企业投资等方式也对 API 的项目进行了投资。除了上述方式外,迫于国家财政的压力,南美洲各国政府和COSIPLAN 都在积极推动公私合作模式以吸引更多的私人机构或投资人参与到 API 的项目中。然而,由于私人投资者考虑到南美洲部分国家在环境保护、社会文化、国内政治局面、邻国关系、区域政策保障等方面存在很多不确定性,对项目收益不甚乐观,因此仍对投资持保留态度。为此,南美洲各国政府、COSIPLAN 和参与项目协调的国际组织正积极行动,建立以公共投资拉动私人投资的各类机制,并且进一步增加项目资金和运作过程的透明度,以增加公民和私人投资者的信任度。

(三)大湄公河次区域跨境基础设施发展的资金来源

1992—2012 年,大湄公河次区域经济合作项目共筹集了 150 多亿美元的资金,主要用于为跨境交通和能源项目提供贷款,同时也通过技术援助等方式向项目提供关键支持。[①] 其中,亚洲开发银行直接出资 52.075 亿美元,政府出资 43.316 亿美元,联合融资 57.36 亿美元。从出资方式来看,直接贷款为 150.066 亿美元,技术援助为 2.861 亿美元。2012 年后,伴随着大湄公河次区域能源网络和铁路互联互通项目的推进,亚洲开发银行认识到除了自身和次区域各国政府的投资外,要满足经济合作项目的长期资金

---

① ADB, The Greater Subregion at 20: Progress and Prospects, 2012, p. 9.

需求，就必须寻求其他发展伙伴更多的经济支持。从项目的实施现状来看，其共同出资者包括来自日本、法国、美国等国家的金融机构，以及世界银行、欧洲投资银行等国际性金融机构，具体情况见表2-2。

表2-2　　　大湄公河次区域跨境基础设施共同出资者
情况表（1992—2017年）

出资者类别	主要出资者
国家性金融机构	澳大利亚国际开发署（AusAID）、瑞典国际开发署（SIDA）、日本国际合作银行（JBIC）、日本国际协力机构（JICA）、法国开发署（AFD）
国家政府	中国政府、芬兰政府、德国政府、韩国政府
国际性金融机构	OPEC基金、世界银行、欧洲投资银行（EIB）、Nordic发展基金
国际性组织	欧盟委员会、UNDP（联合国发展计划）

资料来源：根据 https://aric.adb.org/initiative/greater-mekong-subregion-program 所载信息整理。

事实上，除了通过直接贷款的方式给予大湄公河次区域经济合作计划中的跨境基础设施项目支持外，亚洲开发银行还与如上机构建立了在项目计划制订、项目融资、项目技术应用等方面长期和稳定的合作伙伴关系，这无疑为项目提供了资金、技术和管理方面的保障。例如，世界银行于1999年协助开展了大湄公河次区域电力贸易战略的区域研究，并参与了次区域多个跨境输电项目的融资以及为项目关键分析和研究提供了支持，不仅为项目的资金筹措提供了资源和支持，也为项目的顺利实施提供了技术援助。为了帮助大湄公河次区域的各国提高发展能力和实现可持续发展，法国开发署（AFD）和瑞典国际开发署（SIDA）等机构通过与亚洲开发银行联合开展技术援助，促进了跨境基础设施建设和运营中的管理能力发展和人力资源开发，并且对次区域部分跨境交通和能源基础设施进行战略环境评估，进而资助制订了包括可再生能源和替代能源开发的区域发展战略计划，进一步提升了区域和各国实现绿色发展的能力。

二　投融资方式

从上述关于欧盟、南美洲和大湄公河次区域跨境基础设施资金来源的分析可以看出，三个区域的资金来源都具有多样化和国际化的特点，这不仅有力地缓解了区域内成员国国家的财政压力，也一定程度上实现了项目风险的分担，而这则是三个区域在投融资方式上创新和完善的结果。

（一）欧盟的跨境基础设施项目投融资方式

从欧盟方面来看，跨境基础设施的投融资方式特点可以归纳为统一的资金管理框架、基金创新和地区性金融机构合作。第一，欧盟委员会正在推动欧盟资金框架的建立，以期实现对各种融资渠道和资金来源的统一协调，并对包括跨境交通基础设施项目在内的建设资金进行统一配置，从而进一步提高欧盟委员会在项目规划中的主导地位，使得项目的开发和建设更加符合欧盟整体的交通网络发展需要，这其中包括欧盟基础设施公私合作法规和政策的完善、私人投资激励机制建立、成员国发展资金配置等众多内容。第二，为了提高欧盟整个地区的基础设施质量并助力区域气候目标的达成，欧盟成立了一些专门支持跨境碳减排、清洁能源利用的专项基金。例如，地平线2020计划（Horizon 2020）用大约59亿欧元用于支持欧盟智能能源网络、潮汐能和储能基础设施项目的建设；NER300基金利用出售碳排放津贴所得资金资助欧洲碳捕获网络和储存（CCS）及可再生能源示范项目。第三，欧盟委员会在积极与本地区金融组织合作的同时，还积极促成与其他地区金融组织的合作，欧洲战略投资基金（EFSI）就是欧洲投资银行集团（EIB和欧洲投资基金）和欧盟委员会之间的联合倡议，它旨在动员私人对欧盟具有战略意义的项目进行投资，包括能源效率、可再生能源、电网和互联网络等领域。欧盟委员会还在积极探索与世界银行、亚洲基础设施投资银行等国际性金融机构合作，为成员国国家的基础设施发展积极争取资金，以促成欧盟基础设施网络的实现。

（二）南美洲基础设施一体化中的跨境基础设施项目投融资方式

从目前 API 项目执行的情况来看，绝大多数南美洲国家的跨境基础设施项目资金来源都非单一的政府财政直接投资，而往往涉及多方投资者，以下就将结合部分典型案例项目进行简要的投融资方式分析和总结。

如表 2-3 所示，南美洲的跨境基础设施项目当前的融资方式主要有五类，其中除了涉及参与倡议的各国政府外，还主要涉及拉丁美洲和其他地区的国际金融机构。从具体的项目内容来看，受制于跨境基础设施项目的特殊性，大多数项目都将项目分割为国内和跨境部分，国内部分的项目融资多由相关国家政府组织开展，或由国际金融机构来为项目建设提供资金，而跨境部分的建设资金则多由 IDB、CAF 等国际金融机构提供。然而，由于倡议参与国家中的部分正面对政治局势不稳、政权更迭、经济衰退的问题，这不仅导致国家用于基础设施的投资减少，也令很多国际投资机构对该地区的投资热情降低，因此当前所采用的投融资模式遇到了一定的障碍。

表 2-3　南美洲国家的跨境基础设施项目主要投融资方式分析表

融资方式	典型项目名称	涉及国家	主要投资方
国际金融机构联合投资	Itaipu-Asunción-Yacyretá 500 千伏跨境输电线路	巴拉圭、巴西	IDB、CAF、EIB、欧盟、巴拉圭国家电力管理局配套资金
公私合作	哥伦比亚—委内瑞拉跨境互联系统（Tienditas 跨境项目）	哥伦比亚、委内瑞拉	哥伦比亚政府、私人公司组成的财团（哥伦比亚与委内瑞拉各负责项目 50% 的投资）
国际金融机构与国家政府联合投资	Desaguadero 双边边境服务中心（CEBAF）	玻利维亚、秘鲁	IDB 与秘鲁政府（通过 SUNAT 和 Public Treasury）

续表

融资方式	典型项目名称	涉及国家	主要投资方
国际金融机构独立投资	玻利维亚11号公路（连接玻利维亚Villamontes与双边边境服务区）	玻利维亚、巴拉圭	CAF
多国政府联合贷款	两洋铁路通道（玻利维亚路段）	巴拉圭、玻利维亚、秘鲁、乌拉圭、巴西	德国与瑞士政府

资料来源：根据http://www.cosiplan.org所载相关信息整理。

（三）大湄公河次区域经济合作中的跨境基础设施项目投融资方式

虽然在大湄公河次区域经济合作项目的前期，亚洲开发银行解决了大部分跨境基础设施建设的资金问题，但随着项目数量和建设规模的扩大，亚洲开发银行在拓宽项目融资渠道和建立次区域间项目投资合作机制方面进行了积极探索。基于对公私合作和吸引私人投资方面的指导思想，亚洲开发银行针对非优先性或大型项目提出了私营商业银行与本行和世界银行之间的共同融资、与私营部门或世界银行等国际金融公司的债务和/或股权融资、为出口信贷机构提供信贷、私营机构与多边发展机构联合融资等多种拓宽融资渠道的建议，并且正在逐步实施。与此同时，亚洲开发银行也积极将大湄公河次区域的发展计划与其他区域或次区域的倡议进行对接，如《伊洛瓦底—湄南河—湄公河经济合作战略》《日本—湄公河合作计划》《孟加拉湾多部门技术和经济合作倡议》，希望通过战略对接，在吸引更多区域内和区域外资金的同时，促进各层次的合作。其具体行动包括：组织大湄公河次区域的相关商业论坛，在印度、日本、韩国和欧洲举行路演，召开发展伙伴论坛，向公共和私营部门的潜在投资者宣传项目。此外，由于公私合作伙伴（PPP）模式已经在中国、泰国等成员国得到了一定程度的发展，因此亚洲开发银行着力对采用这种模式进行项目开发的各类问题进行研究，并成立了专门的部门来进行相关项目融资机制的设计。此外，亚洲开发银行也会同各成员国政府积极争取更多国家政府和国际金融机构对于跨境基础设施项目中有关应对环境变化、低碳减排等方面专项项目的资金支持。

第四节　欧盟、南美洲及大湄公河次区域的跨境基础设施实施组织比较

跨境基础设施作为区域公共产品，其供给中不可避免地遇到"搭便车"问题和集体行动的困境，而合理的组织结构和协调机制就成了形成相对稳定和合法供给主体的根本。为此，根据区域基础设施网络发展定位和目标的不同，欧盟、南美洲及大湄公河次区域的发起人和各成员国分别建立起了不同结构的供给组织以及相应的协调机制。

一　组织结构

从当前欧盟、南美洲和大湄公河次区域跨境基础设施供给主体的组织结构来看，虽然其建立的基础和具体结构不同，但其核心功能都基本实现了从区域一体化发展的角度对跨境基础设施利益相关者的治理。以下就分别对它们现行的组织结构进行阐述。

（一）欧盟的跨境基础设施管理组织结构

由于跨境基础设施项目由多个成员国合作建设和共同管辖，各成员国还需要对自身的基础设施发展规划和政策做出调整，使其更加符合欧盟基础设施政策并给予这种项目相应的优先权，因此监管分歧、各国及各利益相关者之间利益平衡势必成为挑战。为此，作为欧盟基础设施政策的核心执行者，欧盟委员会在推出TEN-T 和 TEN-E 战略后，亦成了欧盟跨境基础设施发展的领导者。

2013 年，由欧盟委员会起草由欧洲议会和欧盟理事会通过并颁布的欧洲交通和能源基础设施条例，从立法的层面成为欧盟跨境基础设施治理的基础性和框架性文件，其中对跨境基础设施供

给的参与者及其责任进行了规定。其中，欧盟委员会首先是扮演跨境基础设施发展规则制定者的角色，它从项目选择与决策、成本和效益平衡、管理组织与监管机制等多个方面对如何推进计划提出了方法和路径。但它不是主宰者，成员国国家监管当局在项目许可、关税计算、成本分担、国家间协调方面的自主权仍然受到尊重和保留。

与此同时，根据欧洲基础设施网络规划的内容，次区域小组、运输及输送系统运营商等组织也成为供应主体的一分子。其中，次区域小组主要是在为所在区域提供能源战略引导和政策指导的同时，在既有次区域合作计划的基础上提出跨境基础设施项目及其规划，这既保留了成员国在基础设施发展上相应的自主权，也让其充分履行对项目的监控职责，令欧盟委员会能够通过非专制的形式更好地把控各次区域的互联进展并符合欧盟政策。运输及输送系统运营商是欧盟委员会将欧洲大型基础设施建设企业和成员国公用事业公司进行垂直整合并赋予新责任和权力的跨境基础设施建设的参与者，它负责在给定区域内建设、运行和维护基础设施系统。虽然失去了对国内运输和输送系统运营商的管控，但成员国监管部门仍然是供应主体中的重要成员，并且还加强了其相对于成员国政府在关税计算、投资者激励政策制定等方面的自由裁定权。此外，欧盟委员会还成立了诸如欧盟能源监管合作署（Agency for the Cooperation of the European Regulator，ACER）这样的机构，以消除跨境基础设施在发展和建设中存在的监管漏洞，由此便形成了围绕欧盟跨境基础设施的开发、实施、监管的组织构建。

（二）南美洲区域基础设施一体化中的跨境基础设施管理组织结构

在南美洲区域基础设施一体化倡议提出之初，该倡议的行动计划成立了三个组织来负责项目的规划和推动，它们分别是行政指导委员会、技术协调委员会和行政技术团队。其中，行政指导委员会（西班牙语缩写为CDE）作为最高级别的组织，集合了12

个参与国的部级代表,其负责向倡议的技术实施实体发布一体化和各发展中心、部门一体化推进工作的指令以及倡议的其他行政管理工作。技术协调委员会(西班牙语缩写为 CCT)则由美洲开发银行(IDB)、拉丁美洲开发银行(CAF)和拉普拉塔合作基金(FONPLATA)共同选派代表组成,该组织负责倡议的各级运营协调和项目开发技术支持,同时还与各参与国政府的技术负责部门建立密切联系,向外界披露参与项目的私营企业、社会组织和公众的参与情况。行政技术团队则是由 CCT 负责协调的由参与国技术官员组成的组织,其负责具体的一体化和发展中心和部门一体化推进中的技术工作。[1] 2000—2008 年,上述三个组织会同各参与国政府开展了卓有成效的合作,其合作成果包括开发了项目选择方法论、建立了基础设施部门的工作网络、设立了跟踪倡议推进情况的经理人团队,并且确定了由 300 余个项目组成的 IIRSA 项目组合。

2008 年,在既有组织和工作成果的基础上,COSIPLAN 的成立进一步将南美洲区域基础设施一体化倡议的管理组织架构进行了调整,同时它也成为南美洲国家跨境基础设施项目的主要规划和管理者,包括 API 项目在内的所有 IIRSA 项目均在其领导下开展。截至 2019 年底,COSIPLAN 的组织结构中,最上级为成员国部长委员会(Ministers Council),该委员会由基础设施与规划部长组成,其主要职责是通过每年一次的委员会会议来分析年度倡议实施成果,并且提出下一年度的工作计划。目前,成员国部长委员会下设协调委员会、IIRSA 技术论坛和工作组。其中,协调委员会(COSIPLAN Coordinating Committee)是 COSIPLAN 的执行分支机构,其主要任务是对所有战略行动计划中的行动开展计划和监控,IIRSA 技术论坛(IIRSA Technical Forum)作为向南美洲地区

---

[1] [美]尤安·何塞·塔昆:《南美洲地区基础设施一体化倡议:可持续发展的战略选择》,汪晓风译,载[西]安东尼·埃斯特瓦多道尔、[美]布莱恩·弗朗兹、[美]谭·罗伯特·阮《区域性公共产品:从理论到实践》,张建新、黄河、杨国庆等译,上海人民出版社 2010 年版,第 305 页。

基础设施互联互通规划提供技术支持的部门，其下设执行技术组（The Executive Technical Groups，GTEs）、技术协调委员会（The Technical Coordination Committee，CCT）和技术协调委员会秘书处三个机构，其工作内容除了分析年度行动计划的进展情况外，还会同CCT的地区发展机构，对倡议所有方面的工作进行研究。COSIPLAN工作组（Working Groups，WGs）是非技术性的工作小组，其旨在为一体化的推进获得政治层面的推动力，目前分为铁路一体化、电信一体化、融资机制与担保、地理信息系统四个小组。

（三）大湄公河次区域经济合作中的跨境基础设施管理组织结构

在吸取了欧盟的发展经验后，亚洲开发银行在大湄公河次区域经济合作项目的推动过程中选择了一批优先项目，这些项目对次区域开发效益与影响巨大，有良好的经济与社会生存能力，并且已经具备国家优先权和融资可行性，其中就包括很多跨境基础设施项目。虽然这些项目对于次区域经济一体化作用巨大，但亚洲开发银行并没有包揽所有的项目组织工作，而是围绕着这些项目开展了维持合作所需的制度安排，其主要安排包括：区域和国家政治层举行的次区域国家领导人峰会，由亚洲开发银行高级官员组织召开的部长级会议，围绕项目计划和运作举行的行业论坛和工作组会议。其中，每年一度的部长会议是项目的最高决策机构，各国每一次都会派一位负责国家经济发展事务的部长级官员出席会议，而与会部长通常会配有一位作为部门代表的高级官员，这些高级官员组成部门工作组负责开展所属部门的次区域合作项目，同时向部长会议汇报工作。从具体的组织设置来看，亚洲开发银行中设置的大湄公河次区域秘书处可谓是整个经济合作项目的中枢组织，该组织除了包括来自亚洲开发银行总部的高级官员外，还包括了次区域各个国家的国家秘书处，其负责向整个项目提供全面的秘书支持。此外，亚洲开发银行在跨境基础设施的规划和建设方面还扮演着项目知识和信息提供者、资金筹措者和供给者的角色。在知识和信息提供方面，亚洲开发银行不但向各参与国提供跨境基础设施项目计划、实施、运营和多边合作方面的技术支撑，同时也承担了参与国构建基本机制的成本，令参与国能够逐渐提升自己的对外合作和国家治理能力。

二 组织协调机制

如上所述，不论是欧盟、南美洲还是大湄公河次区域，虽然其跨境基础设施发展的发起人在组织性质上有很大的差异，但都根据所在区域基础设施一体化发展的需求和成员国的具体情况，完成了组织结构的建立。然而，由于多层次多种类的组织被纳入其中，如何协调就成了令组织能够顺利运转并推动项目的重要问题之一。

(一) 欧盟的跨境基础设施组织协调机制

欧盟方面，基于跨境基础设施成本分配方法，欧盟委员会作为区域机构设计了两个层次的协调机制，努力让受项目积极影响的国家能够开展合作。第一层次是为了确保PCIs获得国家许可而开展的国家内部协调，与项目相关的每个成员国指定一个国家主管当局负责促进和协调项目的许可证发放过程，该主管当局是项目发起人在项目实施过程中向上进行信息提交和做出决定的唯一联络点，主管当局也是就项目与欧盟委员会联络的唯一机构。在不违反欧盟法规和成员国法规的情况下，该主管当局可以通过设立一个由国内所有相关机构代表组成的工作组，根据拟定的许可证发放时间表，协调并监控工作组做出针对项目实施的综合性许可决定，并且和其他成员国主管当局开展合作和协调，在适当情况下开展联合工作，例如项目的环境评估。[①] 然而，限于各国主管当局之间立场和利益的不同，可能无法就项目达成一致并给予项目许可，欧盟建立了第二层次的协调制度——协调员制度，即经有关成员国同意，欧盟委员会将指定一名协调员就项目遇到的重大执行困难进行协调。该协调人将采取一系列积极措施推动项目，

---

① The European Parliament and The Council, "Guidelines for trans-European energy infrastructure", *Regulation (EU)*, No 347/2013, 17 April 2013, p. 14.

包括开展项目发起人与所有相关利益相关者之间的跨境对话以便让项目获得所需的许可证、在适当的情况下向项目发起人提供项目融资方面的建议、对成员国提供项目筹备和实施方面的技术支持和战略指导、向欧盟委员会提交报告说明项目的进展以及可能遇到的重大困难和障碍,而欧盟委员会将报告提交欧盟议会,进而进行区域层面的协调工作的决策和安排。协调员开展工作期间,有关成员国政府和主管当局必须予以充分配合。①

(二) 南美洲区域基础设施一体化中的跨境基础设施组织协调机制

从当前南美洲基础设施一体化倡议推进的情况来看,其组织协调主要是由协调委员会、IIRSA 技术论坛和工作组来协同完成的。作为成员国部长委员会的下级组织,协调委员会是 COSIPLAN 的执行分支机构,其主要任务是对所有战略行动计划中的行动进行计划和监控,其成员是来自各成员国的部级代表,这样的成员构成确保了所有项目和成果不仅满足了多数国家的基础设施发展需要,也尊重了所有国家的主权和参与意愿。该协调委员会由成员国轮流主持工作,2017 年 4 月至 2018 年 4 月,由阿根廷联邦规划公共投资和服务部部长担任临时主席来主持工作,其他成员国代表则在本国就职机构履行职责。IIRSA 技术论坛下设执行技术组(The Executive Technical Groups,GTEs)、技术协调委员会(The Technical Coordination Committee,CCT)和技术协调委员会秘书处三个机构,其工作内容除了分析年度行动计划的进展情况外,还会同 CCT 的地区发展机构,对倡议所有方面的工作进行研究。技术协调委员会的主要任务是向 IIRSA 年度工作计划的所有国家提供技术和融资支持,并且同时担任项目促进者、联合行动协调员和 IIRSA 报告的监督者,其工作重点是 IIRSA 中定义的优先领域。CCT 秘书处与美洲开发银行的拉丁美洲和加勒比地区一体化研究所(INTAL)联合办公,该技术协调委员会秘书处负责向所有

---

① The European Parliament, The Council, "Guidelines for trans-European energy infrastructure", *Regulation (EU)*, No. 347/2013, 17 April 2013, p. 11.

UNASUR 国家在 COSIPLAN-IIRSA 框架中的年度工作计划中确定为优先事项的行动提供技术和业务支持；同时还负责编写、翻译、出版和分发每次会议报告，提交 IIRSA 技术论坛开展活动的年度报告，以及关于 COSIPLAN 项目组合和 API 报告。此外，该秘书处还负责 CCT 各单位、国家协调员和协调委员会之间的联络和沟通，以及 IIRSA 年度工作计划框架内举行的会议后勤工作。执行技术组（The Executive Technical Groups，GTEs）是 IIRSA 的技术工作小组，其成员是来自各国政府的官员或技术专家，他们负责分析工作计划、一体化和发展中心以及一体化产业进展的八个专项内容，同时还是国家协调员，负责向各自国家政府通报有关议程、工作成果和行动。CCT 及其秘书处通过提供技术、后勤和财政支持，促进 GTE 会议的组织，以帮助实现预期目标。

COSIPLAN 工作组旨在为一体化获得政治层面的推动力，目前分为铁路一体化、电信一体化、融资机制与担保和地理信息系统四个小组。其中，铁路一体化小组的建立是各国为了实现经济和社会发展而促进铁路部门政策和项目一体化的结果，目前该小组根据 API 建立了 Paranaguá-Antofagasta 洋际铁路通道（涉及阿根廷、巴西、智利和巴拉圭四国）和中心洋际铁路通道（涉及玻利维亚、巴西和秘鲁三国）两个子工作组，其工作主要是为了铁路一体化起草行动计划、为子工作组的工作提供指导、为倡议参与国提供铁路项目的共享信息并且识别其他双边或多边铁路项目。融资机制与担保工作与铁路一体化工作组同年成立，其成立的目的是为更有效地推进 API 项目而寻找适合的融资方案，其工作内容包括为每个国家的 API 项目开展融资条件分析、运用 API 项目跟踪监控系统、评估和提高 API 前期投资水平、评估项目融资机制的可行性、为 COSIPLAN 和经济金融委员会之间建立协调战略。电信一体化工作组成立的目的在于构建能够连接南美洲各国的光缆网络，并进一步提高信息和通信技术的综合运用水平，该工作组设计了南美洲一体化的通信网络互联互通路线图，并且正在围绕路线图开展一系列具体工作。地理信息工作组的成立则主要有两个目的，其一是为南美洲区域一体化提供国土规划的地理信息，其二是确保 COSIPLAN 实施的透明度，建立一个各国共享的网站和信息库。

（三）大湄公河次区域经济合作中的跨境基础设施组织协调机制

作为区域开发机构，亚洲开发银行在亚太地区的制度权限和话语权、促进各国合作的战略和策略、对各国发展所起到的特殊作用、各国对其的信任水平以及本身的组织设置共同决定了其可以向次区域各参与国提供高效而易于被接受的协调，而亚洲开发银行也充分担当起项目发起人的职责，从区域内对话、协议计划与谈判、援助落后经济体三方面构建了协调机制。亚洲开发银行鼓励并支持开展区域内对话，并积极创造对话机会和对话平台以此促进与会国家达成共识和项目合作协议。例如，在南北运输走廊计划实施时，亚洲开发银行不仅就项目提供了信息、技术和融资支持，并且组织沿线各国进行项目专项讨论，在国家之间进行斡旋，推动会议讨论进程，促进国家间就议题达成一致结果，建立国家间的信任。更重要的是，通过具体项目的协调，大湄公河次区域经济合作项目逐渐转化为了各参与国进行坦诚和公开讨论的平台。亚洲开发银行在大湄公河次区域经济合作项目开展的整个过程中都致力于形成各类区域内的协议，因为其相信，如果这样的区域合作没有任何国际或区域协议和机制作为公共产品，那么区域合作所产生各种公共产品可能出现供给不平衡和不理想的状况，而这种状况可能导致合作的失败。为此，亚洲开发银行承担了建立项目建设标准、传播信息和搭建具有高度透明度的谈判平台的职责，在尊重各国意愿的同时，充分展示各类协议对参与国的好处，促成各国之间达成次区域协议，最大限度地降低合作失败的风险，并确保各国利益的获得。

由于历史原因，柬埔寨、老挝等大湄公河次区域国家不论在国家经济实力还是对外合作能力上都存在不足之处。作为区域开发机构，亚洲开发银行在项目信息与数据传播、组织项目各类利益相关者进行对话和咨询、基础设施建设技术与管理机制、项目投融资方面都给予了这些欠发达国家以充分的援助。例如，在开发南北经济走廊跨境公路（中国云南至泰国）的老挝段时，亚洲开发银行帮助老挝政府同时从中国政府和泰国政府获得优惠贷款，令老挝政府以同样的建设标准、环保标准建成了全部路段，并取得了相应的经济和社会效益。此外，在开发登欣本（Theun Hinboun）水电项目过程中，亚洲开发银行帮助老挝同泰国方面进行电力输送和购买的谈判，并最终促成了跨境电力交易协议的达成。

本章小结

随着冷战结束后全球区域一体化的逐步深入，跨境基础设施分别在欧洲、南美洲和东南亚地区走上了不同的发展道路，并且目前都已通过项目规划、项目投融资和项目组织协调方面的努力取得了不俗的成绩。

欧盟方面，虽然第二次世界大战前已经有了区域基础设施网络发展的基础，但由于战争和全球政治格局的变动，在欧盟形成之前的很长一段时间内跨境基础设施都未能得到全面的发展，直至欧盟委员会提出了欧洲交通和能源基础设施网络战略，该区域的跨境基础设施才进入大规模发展阶段，并在欧盟层面建立了项目优先地位授予、跨境成本分配等机制，同时还形成了包括欧盟委员会、各国政府和相关主管部门、国际组织、区域性开发银行等在内的项目协调机制和融资机制。为了确保这些措施和行动能够具备合法性并得到执行，欧盟委员会通过立法的形式对跨境基础设施合作中各方的责权利进行了规定。

虽然南美洲并不具备欧洲的经济实力和基础设施网络发展基础，但这并不影响其进行基础设施一体化的雄心，在巴西、阿根廷、委内瑞拉等十二国元首共同努力下产生的南美洲区域基础设施一体化倡议成为南美洲跨境基础设施快速发展的重要政治基础。基于南美洲十二国基础设施现状和区域一体化的目标，南美洲基础设施规划委员会对整个区域的基础设施网络进行了整体规划，并且通过推出"一体化优先项目议程"确定了跨境基础设施发展的阶段性重点，而有关项目规划和监控方法的日渐成熟以及组织协调与融资机制的建立为跨境基础设施合作提供了理论和资金支持。

在饱受武装冲突和国内外政治动荡之苦后，老挝、缅甸、越南、柬埔寨、泰国政府在亚洲开发银行的主导下加入了大湄公河次区域经济合作项目。为了实现该地区的区域一体化，亚洲开发银行在合作启动之时，就牵头识别出了多条跨境公路作为次区域发展优先项目，而这些项目的开发与建设也为日后的经济走廊建设奠定了基础。与欧盟和南美洲不同，大湄公河次区域的跨境基础合作更像是由亚洲开发银行来推动的，不仅通过发展规划向各国指明了方向，也始终扮演着"忠实中介人"的角色，为次区域内国家治理能力不足的国家提供着充分、完整和连贯的支持、援助和协调，也为项目本身提供着融资、技术和管理方面的知识，同时还搭建合作平台，为各国参与合作和项目落实奠定了基础。

第 三 章

跨境基础设施合作的原理

从前文对属性与特点的分析来看，跨境基础设施作为区域性"俱乐部产品"，其供给机制并没有固定的模式，而是需要成员国家间基于收益和成本、受益范围和政治责任、受众需求和决策参与的相互对应，通过区域内不同主体间的合作来设计供给机制并实施供给行为。虽然从第二章中对欧盟、南美洲和大湄公河次区域实践经验的分析来看，三个区域在政治环境、经济规模和发达程度、对区域一体化期望和理解等方面存在差异，在具体的项目决策、项目投融资、项目组织协调等方面也形成了不同的机制，但从区域一体化的角度来看，它们在合作基础、利益相关者、合作内容和合作机制等方面存在一些共同点，本章就将通过对这些内容的讨论来阐明跨境基础设施合作的基本原理。

第一节 跨境基础设施合作的基础

随着全球化的不断深化和各国之间贸易和投资的快速增长，跨境基础设施已经成为区域一体化的重要组成部分。从欧盟、南美洲和大湄公河次区域的实践来看，跨境基础设施的建设和发展不仅有利于降低所在区域的运输和物流成本、促进跨境贸易、创造就业与减少贫困，而且对改善国家内部的连通性和优化国内市场结构也起到了积极作用。然而，除了欧盟通过立法形式为成员国之间的跨境基础设施合作提供支持外，其他地区的跨境基础设施合作大多是基于项目协议而开展的国家之间的双边合作。虽然在理论上,国家政府间为互惠互利而进行的项目合作不需要正式的体制或法律框架,但在现实中,这种做法往往可能造成项目交易成本和失败率增高、完工周期拖延等问题。[①] 因此,本节将从政治、经济和文化三个方面来分析跨境基础设施合作的基础,以便明确在什么样的条件下才能开展合作。

一 政治基础

面对跨境基础设施可能带来的好处,每一个国家都不可能轻易放过合作的机会,特别是对于小国来说,这不仅是一个促进经济发展的机会,更可能是一个增强竞争力的机会。但由于跨境基础设施涉及边境和领土主权问题,以及与经济利益分配和区域内资源流动相关联的政治利益分配问题,跨境基础设施的合作必将有很强的"政治色彩"。从欧盟、南美洲和大湄公河次区域的发展经验来看,跨境基础设施合作的政治基础主要包括以下三个方面。

(一)参与区域一体化意愿的表达

跨境基础设施虽然对区域一体化有着重要作用,但跨境基础设施合作不以区域一体化为必要条件,在没有充分区域一体化的国家之间开发跨境基础设施是可能的,并且可能成为区域一体化的促发因素。然而,由于跨境基础设施作为区域公共产品会带来外溢效应,因此合作的国家之间必须对这种超越国家政治边界的基础设施的建设目标予以认可,并接受它所带来的区域一体化后果,并表达参与区域一体化的意愿。从欧盟、南美洲和大湄公河次区域的发展经验来看,在进行大规模的跨境基础设施开发和建设之前,各国政府之间实际花费了很长的时间来就包括跨境基础设施在内的区域一体化内容和影响进行讨论,并且充分表达了对区域一体化行动的认可和参与的愿望,进而促成了整个区域的跨

---

① Haruhiko Kuroda, Masahiro Kawai, "Rita Nangia. Infrastructure and Regional Cooperation", *ADB Institute Discussion Paper*, No. 76, September 2007, p. 15.

境基础设施开发规划的推出以及开展跨境基础设施合作的具体行动。

(二) 对跨境基础设施合作做出政治承诺

除了理解并接受了跨境基础设施建设的目标和可能带来的影响，并表达了参与意愿之外，对合作做出强有力的政治承诺可以说是开展跨境基础设施合作的另一个政治基础，这种承诺不仅是对参与的承诺，也是对确保国内和外交政策支持跨境基础设施合作的承诺，以及愿意通过各种合法且必要手段和技术来实现合作的承诺。需要做出这三方面承诺的原因是：由于跨境基础设施的匹配性、辅助性和互补性决定了合作是以参与国家间的共同需求为基础的，并且需要充分考虑到不同国家间政治责任与收益的匹配和不同层级决策权力的分配，因此各国必须对国内和外交政策进行协调，以保证能够满足收益和责任分配的要求，并且在不影响国内公共产品供给情况下愿意通过国家间的沟通来选择恰当的方法和技术确定共同需求和制订行动计划。

(三) 国家之间的政治互信

信任是合作的基础，对于跨境基础设施合作亦不例外。虽然做出强有力的政治承诺毫无疑问有利于增强成员国之间的政治互信，但长久以来的国家间关系和以往的政治共识达成情况也对政治互信的形成有着决定性作用。从欧盟、南美洲和大湄公河次区域的历史经验来看，在经历了战争之后，各国对和平的珍惜和发展的向往可以说是"不计前嫌"进而逐渐建立互相信任的出发点，各国对携手增强区域竞争力进而打破霸权主义的桎梏换取长久的国家安全和可持续发展的观点达成了共识，并且相信各国都会围绕这一共识进行积极努力，最终通过正式机构（如欧盟委员会）、各类协议和非正式的方式来体现这种政治互信，进而确保跨境基础设施从计划到实施中各个国家的合作。但无论采取哪种方式来体现政治互信，各国政府都需要长期以各种方式来发展政治互信，这不仅涉及政治家的对话，也包括专家、媒体、公民之间的联合研究和互动。①

二 经济基础

毫无疑问，跨境基础设施的修建可以对参与国家间的贸易增长、就业增加和产业发展带来好处，并且通过区域一体化增强国际竞争力和获取更多的发展机会。然而，由于跨境基础设施的开发需要巨大的资金投入、较长的建设和运营过程以及可能给沿线区域带来疾病传播、环境污染等负面经济影响，因此在开展跨境基础设施合作之前必须分析是否具备"承受"这些的经济基础。从欧盟、南美洲和大湄公河次区域的合作来看，这种经济基础包括需求的统一、对服务对象的共识和经济实力的匹配。

（一）各成员国间的共同需求

如第一章所述，跨境基础设施是国内基础设施的补充而非替代，成员国家之间的共同需求是其产生的基础，因此跨境基础设施的合作也应该以此为出发点。然而，由于各成员国家在国内经济发展水平、发展战略、资源禀赋等方面不尽相同，对于跨境基础设施为国内所能带来利益的期望也不同，因此必须在充分理解其可能带来的正面和负面影响的基础上才能提出共同需求。从欧盟、南美洲和大湄公河次区域合作的实践经验来看，虽然三个区域跨境基础设施发展的需求不尽相同，但在提出具体的区域跨境基础设施发展规划和项目之前，各成员国都结合自身的经济发展条件和基本思路对跨境基础设施可能带来的影响进行了分析和讨论，最终识别出了共同需求。例如，南美洲区域基础设施一体化倡议的成员国将促进国内和跨境旅游业发展作为共同需求之一，很多跨境公路和铁路项目在线路选择上充分考虑了旅游资源开发因素。

（二）对服务对象和范围的共识

如果说共同需求是从区域和国家的层面对跨境基础设施应该

---

① Haruhiko Kuroda, Masahiro Kawai, Rita Nangia, "Infrastructure and Regional Cooperation", *ADB Institute Discussion Paper*, No. 76, September 2007, p. 15.

带来什么样的利益而达成的共识,那么对服务对象和范围的共识则基于各成员国家的国内发展计划对公共服务对象和范围的确认,而这种共识首先可能是基于地理范围的确认来达成的,即双方希望设施能够通过什么样的边境地区并且为多大地理范围内的公众提供公共服务。其次是基于各国的中长期经济发展战略来达成共识,即双方希望项目在什么时候建成和在多长时间内发挥作用,以便与各地方和国家发展计划相匹配。从欧盟的发展经验来看,由于国家众多且经济发展水平差异较大,在制定跨境交通基础设施网络和能源基础设施网络战略之前,分别从边境通行条件、国家中期经济发展目标、人口分布与消费习惯等方面对比分析了不同地区发展跨境基础设施的条件,进而就跨境基础设施的基本走向和服务对象以及范围进行了划定,为提出最终的跨境基础设施合作战略和计划奠定了基础。

(三) 经济实力的匹配

虽然跨境基础设施所带来的经济效益和社会效益是巨大的,但其所需要的经济投入同样也是巨大的,这样的经济投入不仅包括项目建设的直接成本,也包括合作中带来的间接成本,因此合作双方或多方首先必须对自身的经济实力有充分的评估,对经济实力是否与项目匹配进行判断,不能令项目的修建成为国家的经济负担。当然,这并不是说经济实力较弱的国家就没有发展跨境基础设施的资格,正相反,诸如较低的劳动力价格这样的比较优势让发展中国家获得了另一种经济实力来参与跨境基础设施合作。从大湄公河次区域的发展经验来看,老挝、缅甸、柬埔寨、越南等国在修建跨国公路的过程中投入了大量的当地劳动力,不仅降低了项目本身的人工成本,也增加了工人的收入,从整体上增加了项目的收益。此外,能够为跨境基础设施提供融资的区域发展银行和国际组织也能够有效提高这种匹配性。

三 文化基础

作为基础设施的一类,跨境基础设施所带来的不仅是经济效益，同时也有社会效益，而社会效益的实现是以基础设施产生的公共服务与公众需求相匹配为基础的。毫无疑问，文化作为"一个社会中价值观、态度、信念、取向以及人们普遍持有的见解"①，对公众需求有着重要影响。由于跨境基础设施始于成员国家之间的共同需求，并且将向各国提供无差别的公共服务，因此参与国家之间必须有一定的文化基础来支撑这种共同需求。本书基于对欧盟、南美洲和大湄公河次区域的跨境基础设施发展经验的分析认为，文化基础包括文化政策、文化交流和文化认同三个相互联系的部分。

(一) 文化政策

作为政府机构、文化企业、文化团体和艺术家等利益相关者影响民众思想及意识形态的重要手段，文化政策反映了这些利益相关者的价值取向，以及在特定历史环境下为艺术自我实现建立体制和创造条件的政治斗争。② 各个国家政府根据各自的政治体制、历史传统，采用各不相同的政策工具以实现其政策目标，因而形成了各具特色的文化政策。③ 因此，鉴于文化政策对公众思想和意识形态的重要作用，跨境基础设施合作的国家必须就其他国家的文化政策有客观的认识并且就其对合作的影响进行分析。当然，并不是只有对他国的文化政策完全赞同才能开展合作，而应该是一种基于尊重和谅解多样性的理解，分析其是否能够促进和支持合作。从欧盟的发展经验来看，跨境基础设施作为欧洲区域一体化的组成部分，当前所取得的进展离不开欧盟在一体化伊始就推行的多元文化共存和"欧洲认同"的文化政策。

---

① [美] 塞缪尔·亨廷顿、[美] 劳伦斯·哈里森主编：《文化的重要作用——价值如何影响人类进步》，程克雄译，新华出版社 2002 年版，第 3 页。

② Peter Duelund, "Cultural Policy: An Overview", in Peter Duelund ed, The Nordic Cultural Model, Copenhagen: Nordic Cultural Institute, 2003, pp. 13 – 14. 转引自郭灵凤"欧盟文化政策与文化治理"，载《欧洲研究》2007 年第 2 期。

③ Rik Pinxten, Marijke Cornelis, Robert A. Rubinstein, "European Identity: Diversity in Union", *International Journal of Public Administration*, Vol. 30, No. 6, 2007, pp. 687 – 698.

(二) 文化交流

由于国家历史、发展阶段、政治制度等方面的差异，国家间的文化差异造就了世界文化的多样性，这是产生文化交流的基本原因，而文化交流通常也是文化政策的重要体现，文化交流可以促进人们互通有无取长补短，从而影响人们的意识形态。从这一点上来看，跨境基础设施合作中各国间既有的文化交流传统将助于人们更好地理解合作及其产生的影响，既有的文化交流渠道也为合作中的信息传播提供条件，促进共同需求的形成。基于历史和传统文化的因素，欧洲各国在战后频繁的文化交流是促成欧盟成立的因素之一，而在欧盟成立后推行的多元文化政策以及开展的区域内文化交流活动进一步加强了人们对共同身份和共同发展目标的理解，这令各国民众对包括区域性跨境基础设施发展计划在内的区域一体化行动更容易形成一致支持。

(三) 文化认同

建构主义者认为"国家之间的合作是一个社会互动的过程，它使区域各国的合作形成规范，从而建构成为共有的区域文化观念与区域认同"[①]。从这一点来看，区域一体化不是简单的政府间的功能性合作，而应该有文化认同伴随始终，因为这将为克服国家主权原则的掣肘留有余地，各国国民在心理上彼此认同为"我者"，而非松散叠加的个体，政治系统才有可能延续下来。[②] 跨境基础设施合作作为区域一体化的组成部分，在这一点上亦无例外。文化认同不仅是社会对跨境基础设施建设可能带来的区域一体化后果接受的基础之一，同时也是接纳其产出的公共服务的前提。从大湄公河次区域合作的实践来看，虽然六国文化存在差异，但在经历了战乱和冲突之后，各国政府和民众对单打独斗来增强自身权利不再抱有幻想，而是逐渐形成了通过合作来构建更有竞争

[①] 樊勇明、薄思胜：《区域公共产品理论与实践——解读区域合作新视点》，上海人民出版社2011年版，第14页。

[②] 葛昕、宋新宁：《欧盟、东亚一体化中的文化认同差异及其影响》，《新视野》2014年第6期。

力的集体的观念,于是愿意跨越国境来发展共同的基础设施网络。

第二节　跨境基础设施合作中的利益相关者

跨境基础设施通过缩小国内与外部市场的经济距离、通过更广泛的市场建立规模经济、增加外国直接投资流入以及扩大贸易和一般经济活动,对一个国家竞争力产生巨大影响[1],而这种竞争力的获得无疑对国家和国民来说都十分有益。然而,跨境基础设施的合作绝不仅限于政府间功能性的合作,为了令基础设施的建设和运营能够顺利开展,其所产生的经济效益和社会效益能够为各成员国所共享,合作需要整个地区全社会的参与。与此同时,由于跨境基础设施的管辖超越了单一国家政府的权限,因此区域性机构也被认为是跨境基础设施合作中不可或缺的。那么,参与合作的国家政府、区域性机构和其他社会主体在跨境基础设施合作中扮演了什么角色呢?以下就对这一问题进行探讨,以明确合作主体的责任和作用。

一　国家政府

从前文对跨境基础设施属性、特点、合作基础等方面的论述来看,作为区域公共产品,其产生和供给机制的形成受国家政治体系及其决策的影响巨大,这不仅体现在为跨境基础设施的合作表达政治合作意愿,也体现于为合作所开展的一系列具体行动,其中包括协调国内与区域规划、制定政策和管理制度、提供财政支持等方面。

第一,跨境基础设施合作中的各国政府应该将跨境基础设施的发展计划和项目与本国的发展计划相对接,并且将其纳入本国各层次的发展计划当中,这一方面是对参与合作的意愿表达和政

---

[1] Haruhiko Kuroda, Masahiro Kawai, Rita Nangia, "Infrastructure and Regional Cooperation", *ADB Institute Discussion Paper*, No. 76, September 2007, p. 2.

治承诺，另一方面为向跨境基础设施项目授予优先权和建立相应的政策和制度奠定基础。当然，这种区域和国家基础设施发展计划的对接和融合是以政治互信为基础的，区域内各国之间伙伴关系的建立将十分有利于各国之间通过协商来制订统一的跨境基础设施发展目标以及发展计划。与此同时，各国需要为目标和计划的实现和实施对国内相关的法律法规和监管政策进行调整或补充，并根据本国相关领域的技术和监管部门设置情况建立跨国协调机制。

第二，跨境基础设施合作中的各国政府应该在明确发展目标的基础上确定合作的基本方案和候选项目，并且形成相应的项目监督、项目协调和项目风险分担机制。从本书第二章中对欧盟、南美洲和大湄公河次区域跨境基础设施发展经验的分析来看，合作各国对跨境基础设施候选项目的选择和排序不仅令政治合作具体化，同时也给出了具体的发展方案和路线。三个地区都基于国家间的政治协商，根据发展目标和内容制定了分阶段和分领域的跨境基础设施项目清单，并且对项目的优先性通过立法或非立法的形式予以确定，这种确定不仅体现在国家高级官员的一致认同，也体现为项目与国家的发展战略规划和设计相融合。与此同时，根据跨境基础设施发展框架，还形成了由各国共同参与的项目评估、项目执行监督、项目风险分担、项目控制、项目成本分担机制等。

第三，跨境基础设施合作中的各国政府应该为项目的建设提供相应的资金并且开展集体性的融资活动。由于跨境基础设施合作在前期需要花费相当长的时间来进行各国之间的协商和提出项目清单，加之项目建设和运营本身面对着高额沉没成本和经济效益回收期长的问题，因此融资是跨境基础设施发展的关键问题之一。而鉴于其公共产品的属性，国家政府必须提供直接和间接的财政资金支持，对于经济实力较弱的国家政府而言，更需要考虑如何利用自身优势与其他国家合作来解决跨境基础设施的资金问题，这种努力不仅包括发掘自身的资源优势来为项目提供非资金的支持以分担成本,也包括对国家进行必要的改革,改善政策和监管环境以及基础设施治理能力,与其他国家一起努力获得区域性机构和国际金融机构贷款。此外,限于政府投资能力,建立可信和具有可持续性的政策来激励私营部门参与跨境基础设施的开发也被认为是国家政府的重要职责。

二 区域性机构

跨境基础设施作为一种区域"俱乐部产品",具有高度外部性且从中受益的国家数目是相对确定的,但由于没有一个国家能够超越主权来管辖这一产品,因此需要区域性机构通过正式或非正式的机制来更好地协调不同国家的利益,以降低交易成本并减少冲突发生的可能性,而从欧盟、南美洲和大湄公河次区域的实践来看,区域性机构既包括欧盟委员会这样具有超国家权力的组织,也包括诸如亚洲开发银行、美洲开发银行这样的区域性开发银行,其主要作用有以下几个方面。

(一)区域性机构能够为跨境基础设施提供资金支持

由于具有中立的政治立场和相对强大的资金实力,区域性机构提供的资金不仅有助于解决跨境基础设施"搭便车"的问题,同时也有利于经济实力较弱国家参与合作,而不至于因为资金门槛放弃巨大的发展机会。例如,在大湄公河次区域的跨境基础设施合作中,亚洲开发银行通过技术援助的方式提供了资金支持,在各国充分表达了合作意愿的基础上令合作得以实现。而在欧盟的跨境基础设施发展中,基于欧盟委员会针对整个区域设计的跨境基础设施投融资规则,欧洲投资银行在为跨境基础设施提供资金方面发挥了重要作用。除了提供贷款之外,区域性机构还帮助参与的国家发展伙伴关系,通过担保等手段将跨国公司、区域外金融机构等纳入融资对象范围,有效扩展了资金来源。

(二)区域性机构能够促进相关国家达成共识

由于区域性机构可以扮演"中间人"的角色,可以在跨境基础设施的开发中发挥催化作用，通过召集各国领导人在一起开展公正和公平的政治对话，促进各方就合作内容和目标进行对话和讨论，以便各国能够清晰地表达合作的政治意愿和给出承诺，并就相关政策与协定达成共识。另外，通过为合作各国和项目提供相应的技术、环境、经济和社会评估方面的资金支持，令各国对合作的后果和产生效应有清楚的理解，以便为合作提供基础。例如，基于美洲开发银行提供的资金，南美洲十二国早在南美洲基础设施一体化倡议提出之前就对跨境基础设施开发所带来的具体社会效益和经济效益有了充分认识，这为之后的政治共识达成奠定了基础。亚洲开发银行选择了一些其认为有优先性的项目进行了项目设计、规划方面的技术援助，令各国政府进一步清晰地掌握了发展要点，并就后续的候选项目达成了共识。

（三）区域性机构能够帮助发展合作能力

如前所述，跨境基础设施的供给水平取决于"最弱环节"或"较弱环节"，而区域性机构能够帮助处于这些环节的弱小经济体更有效地参与合作，并提高整体供给水平。因为区域性机构一方面能够从技术和知识方面为这些国家提供信息和专家咨询意见，例如与这些国家合作开展项目的可行性研究，以便为国家政府提供决策数据支持；另一方面为这些国家提供关于参与这种合作的国家能力评价，以找出相关制度和体制、政府行为、治理水平方面的弱点，并且通过给予资金和人员上的支持来帮助国家进行改革，实现基础设施治理和对外合作方面的能力提升。

三 其他社会主体

从前文对跨境基础设施属性和合作基础的分析不难看出，其他社会主体不仅是公共产品的实际消费者也是合作动力的来源之一，他们的需求和支持在很大程度上决定了项目经济利益和社会效益的实现。由于其他社会主体代表着与政府和区域性机构不同的利益，他们会十分关注自身利益是否能够通过合作实现公平分配且与之付出的成本相匹配。因此，不同社会主体的参与能够对政策制定、政府决策、公共部门行为等方面起到监督作用，促使形成一种确保不同利益相关者之间公平分配成本和利益的透明化管理机制，令受到项目不利影响的利益相关者发声，为减少项目的负外部性提供条件。

同时，为了减轻政府的资金负担和资源限制，消减政府间合作的分歧和冲突，让更多的私营企业和组织参与到跨境基础设施合作中已经成为一种必然选择。首先，私营部门的参与可以给跨境基础设施带来不可小觑的资金资源，通过发展公私合作伙伴关系来对项目进行投资，并注入先进的管理理念和管理技术。其次，私营部门可以通过参与跨境基础设施项目获得跨境经营和合作的巨大资源，这不仅利于企业本身扩大市场，同时对于发展区域内不同层次的伙伴关系也十分有利。当然，由于投资回收期长并且政治依赖性强，私营部门在参与跨境基础设施投资之前必须充分发展与政府间的相互信任，并且对项目开展全面的调查和研究，以及建立长远的管理战略。

第三节　跨境基础设施合作的内容

如前所述，跨境基础设施合作实现的核心在于各类跨境基础设施项目的实施。那么，应该开发和实施什么样的项目呢？针对这个问题，本节将结合欧盟、南美洲和大湄公河次区域的发展经验对跨境基础设施的合作内容和合作体系框架进行探讨。

一　跨境基础设施合作的内容

跨境基础设施作为区域"俱乐部产品"，其存在的两个基本条件是自我维持和为每个成员提供足够的净收益，所有参与国都从中受益是跨境基础设施合作的终极目标，但这种受益的基础则是正确处理跨境基础设施带来的外部性。这种外部性既包括跨国贸易时间成本降低、贸易便利化、环境保护等正面影响,也包括传染病蔓延、环境污染、非法交易等负面外部性,如果相关国家不合作处理这种外部性,就会出现过多的负面影响和较少的正面影响,最终令设施的建设和运营无法继续。① 那么,应该开展哪些方面的合作呢?以下就将基于对跨境基础设施建设和运营所关联的问题来对跨境基础设施的合作内容进行分析,具体内容如图3-1所示。

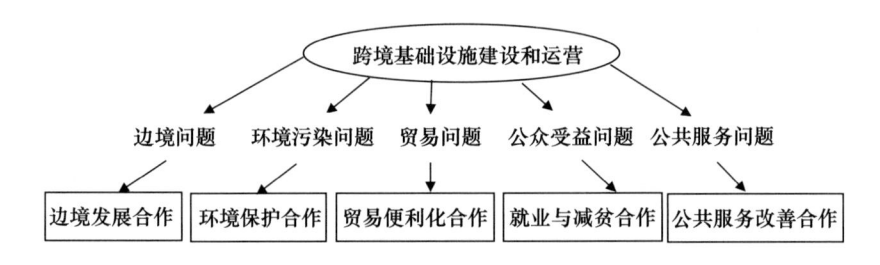

图 3-1 跨境基础设施合作的内容

如图3-1所示,虽然跨境基础设施带来的益处当前已经得到了认可,但由于其成本和收益都超越了国界,因此其合作的目标应该是尽可能增加项目给区域带来的正面影响并消减负面影响,从而提高项目整体的效益,而边境地区开发、环境保护、贸易便利化、就业与减贫和公共服务改善五个方面是合作的关键内容,其理由如下。

(一) 边境地区开发

边界是要素流动受限制的现象,所以空间经济理论把国界与劳动力流动壁垒联系在一起,将此视为国家的特征,认为边界是国家政治权限发生变化的地点。② 国家边界是随着国家的产生而

---

① Manabu Fujimura, Ramesh Adhikari, "Critical Evaluation of Cross-Border Infrastructure Projects in Asia", *Asian Development Bank Institute*, No. 226, July 2010, p. 3.

② [日] 藤田昌久、[美] 保罗·克鲁格曼、[美] 安东尼·J. 维纳布尔斯:《空间经济学——城市、区域和国际贸易》,梁琦主译,中国人民大学出版社2005年版,第283页。

出现的，它用于"确定各国之间的领土范围，是一条划分一国领土与他国领土或与国家管辖范围之外的界限"①，是国家领土和主权利益的体现。跨境基础设施的建设和运营会带来生产要素在两国或多国边界的跨界流动，因此必须由各国合作来处理这种流动带来的政治管辖主体变化并赋予这种跨境流动以合法性，这也是跨境基础设施能够发挥作用的重要前提之一。另外，由于边界屏蔽效应的存在，令很多边境地区经济发展滞后，而跨境基础设施的发展能够通过促进邻国间的经济交往为边境地区带来发展机遇，但由于边境地区特殊的政治和军事地位，如何抓住这种经济发展机会必须通过各国的合作来实现，因此边境地区发展成为跨境基础设施合作中必不可少的内容。

(二) 环境保护

面对全球气候变化、交通拥堵、空气污染等形式的环境压力，人们正将基础设施的发展与可持续发展相联系。② 因此，基础设施的发展不仅要满足提供基础设施服务的需求，也要能够维持或改善环境质量。③ 从这一点来看，跨境基础设施的建设和运营本身不仅不能给区域内的国家环境造成伤害，还应有助于整个区域的环境保护。然而，由于国家间在环境管理制度和环境保护标准方面存在差异，因此要让跨境基础设施项目满足所有成员国家在环境保护方面的要求只能通过各国的合作来解决，以便形成一个各方均接受的环境保护标准。另外，由于各国的经济发展水平和社会发展模式不同，各国的环境管理政策与能力也存在差距，无法要求所有国家都完成同样水准的管理任务，只能通过各国的合作来制定环境管理目标和方案。此外，在跨境基础设施的建设和运营中将伴随着自然环境改变和污染物排放等对

---

① 王铁崖：《国际法》，法律出版社1995年版，第243页。
② OECD. Infrastructure to 2030: Telecom, Land Transport, Water and Electricity. Paris: OECD, 2006. http://www.oecd.org/futures/infrastructure/2030.
③ Evaluation Cooperation Group, The Nexus between Infrastructure and Environment, June 2007, p. 1.

区域可能产生负面影响的活动，但让某一国来单独承担这种后果既不可行也不合理，因此必须通过合作来尽量减少环境破坏，而这也从另一个角度增加了项目的整体收益。

（三）贸易便利化

通过降低总体运输和物流成本来促进跨境贸易是跨境基础设施发展的主要目标之一，同时它也有助于改善国内的基础设施联通性[1]，而这一目标的实现也是跨境基础设施实现其经济效益和社会效益的关键前提之一。但各国在边境通关程序、运输标准和要求、物流发展水平等方面存在差异，必须通过合作来消除跨境基础设施建设和运营中存在的阻碍贸易的程序和行政障碍，令货物能够以最有效率的方式进行跨境流动，实现贸易便利化。因此，对于跨境基础设施合作中的贸易便利化来说，一方面需要根据运输标准的协调结果和通关数据的处理等开展"硬件"方面的合作；另一方面也需要开展"软件"方面的合作，其内容包括提高各国海关和相关管理部门的透明度及专业水平、调整国家进出口相关政策和管理制度、增强边境管理与服务能力等，同时国家间就货物和人员的跨境运输便利化达成协议，以减轻非物质因素对商品和人员跨境流动造成的障碍。

（四）就业与减贫

基础设施的发展能够促进农业和非农生产率的提高以及非农就业，给贫困人口带来就业机会和获得工资收入，提高贫困人口的收入，从而实现减贫[2]。从这一点来看，跨境基础设施的建设和运营也应通过创造就业来为区域减贫做出贡献。然而，由于不同国家的贫困状况存在差异，如何让跨境基础设施的建设和运营给区域带来的减贫效益最大化就需要各国合作来实现，既需要根据贫困人口分布来配置就业岗位，也需要根据劳动力价格

---

[1] Haruhiko Kuroda, Masahiro Kawai, Rita Nangia, "Infrastructure and Regional Cooperation", *ADB Institute Discussion Paper*, No. 76, September 2007, p. 15.

[2] Ifzal Ali, Ernesto M. Pernia, "Infrastructure and Poverty Reduction—What is the Connection?", *Asian Development Bank*, January 2003, p. 4.

来促进劳动力的合理流动。另外，贫困人口往往不仅面对经济收入低的问题，也面对基础设施不足的生活困境，因此跨境基础设施在减贫方面的努力还应包括提高贫困人口的基础设施可获得水平和质量，而这不仅需要各国之间就如何向贫困人口更好地提供基础设施开展合作，也需要从区域整体的角度来协调和规划基础设施的发展，利用跨境基础设施对国内联通性的加强让更多公众从中受益。

（五）公共服务改善

公共服务是政府或非营利组织等公共部门以及部分私营组织为满足社会公共需求、维护公共利益、依法进行公共物品生产与供给的行为。[①] 从这一定义来看，跨境基础设施既是提供公共服务的方式，也需要公共服务为建设和运营提供基础。跨境基础设施的发展令人口的区域化流动更为频繁，公众对跨境公共服务的需求相应增加，而这迫使各国之间开展公共服务合作，以解决国家边界对公共服务产生区隔的问题，令跨境基础设施的建设和运行能够获得相应的公共服务保障。另外，由于各国之间经济发展水平不一，导致医疗、教育、文化等领域的公共服务质量存在差异，而跨境基础设施不仅会由于人口跨境流动引发区域内的传染病蔓延，也会促使人们产生文化交流和寻求更好教育的行为。针对这些问题进行的合作不仅是跨境基础设施顺利平稳运行的保障，也是增加项目社会和经济效益和提高区域整体公共服务水平的有效途径。

二　跨境基础设施合作的框架

作为区域公共产品，跨境基础设施合作的目的在于处理与项目有关的正面和负面外部效应并通过获得单一国家无法供给的产品或者服务来促进国家目标的实现。从这一点来看，跨境基础设施合作是在满足成员国家利益实现的基础上来实现区域整体发展

[①] 姜海山、蒋俊杰、于洪生等：《中国政府架构与基本公共服务》，人民出版社2017年版，第37页。

的，这种合作必须在充分考虑各国利益诉求的情况下来开展，包括政治利益、经济利益、社会利益和环境利益在内的合作利益成为合作必须考虑的一个维度，由此也构成了包括合作内容、合作主体和合作利益三个维度的跨境基础设施合作框架。其具体内容如图3-2所示。

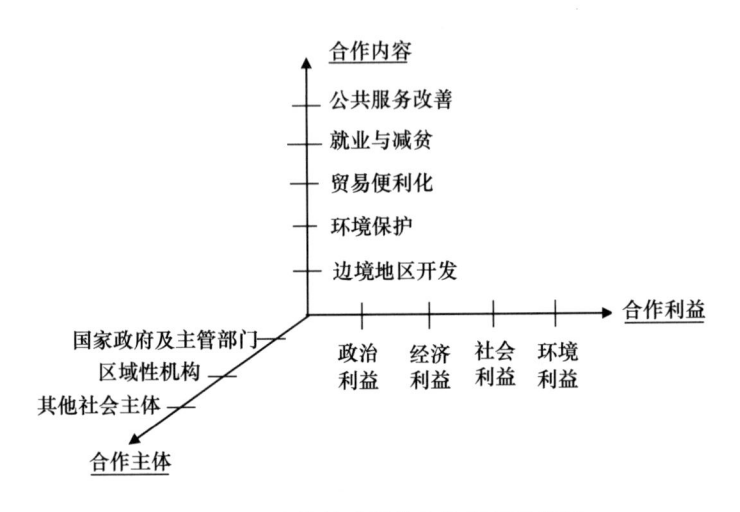

图3-2 跨境基础设施合作框架示意图

如图3-2所示，作为一项合作，跨境基础设施合作框架由合作主体、合作利益和合作内容三个维度构成，而通过维度间的两两组合可以实现对合作中责任和利益诉求的匹配和分配，进而从系统的角度呈现合作的全貌，为开展具体的合作行动提供依据。

第一，通过开展合作主体和合作利益两个维度的组合可以分别对合作主体的利益诉求进行分析，而这也是形成最终利益分配格局的基础。从上文中关于合作主体的分析不难发现，国家政府及主管部门、其他社会主体和区域性机构对于跨境基础设施发展所能带来的利益期望存在差异。例如，政府希望通过跨境基础设施的修建来促进区域内的劳动力流动并优化配置，但这可能带来传染病的跨国传播，而这显然是各国公民所不愿意看到的。因此，在开展合作的过程中必须对合作主体四方面的利益需求进行识别、分析和确认，而这一过程中国家政府间的博弈、政府与公众之间的博弈将成为一种必然，而这可能会导致合作陷入长期的停滞，所以区域性机构在这一过程中更多的是扮演着协调者的角色，不仅对合作各方开展协调，同时也对如何看待和权衡各类利益提供支持。

第二，合作主体和合作内容两个维度的组合则是合作中角色安排和责任分配的体现。对于任何一项合作来说，合作主体间合理的角色安排和责任分配是确保联合行动开展、取得相应成果并最终实现合作利益的基础，而这不仅与合作主体所掌握的资源、所具备的能力和工具有关，也与其利益诉求有关。因此，为了推进边境地区开发、环境保护、贸易便利化、就业与减贫和公共服务改善这五个方面的合作，合作主体间应该拟订相应的行动计划，并且对每一方面合作中各方所承担的责任进行确定。值得注意的是，从既有的实践经验来看，虽然国家政府及主管部门在整个合作中将承担包括政府许可、成本分配、项目投融资等大部分的责任，但区域性机构在区域性标准制定、项目融资平台提供、技术管理支持等方面发挥的作用也十分重要，而包括私营企业在内的其他社会主体则可能在合作中扮演着投资者、监督者的角色。

第三，从上文中对合作内容的分析来看，五个方面的合作对于跨境基础设施的建设和运营是一种必需，而其中每一项合作所能带来的合作利益则是多元化的。例如，对于边境地区开发合作来说，它的实现不仅可以为货物和人员合法地通过边境提供保障，也能够促进边境效应的打破以实现边境地区的经济发展，同时还能够带来邻国友好关系加强的政治利益。因此，合作内容和合作利益两个维度的组合是合作利益实现情况的体现，通过对这两个维度中每一要素的两两组合，能够确认每一合作内容能够带来什么样的合作利益，以及合作的整体利益情况如何，而这也成为合作目标和合作各方利益诉求是否得到满足的验证。需要说明的是，三个维度间的两两组合并没有先后顺序，其目的只在于为全面解构跨境基础设施合作并形成具体合作框架提供一种路径。

第四节 跨境基础设施合作的基本机制

根据第一章的论述，由于跨境基础设施供给机制的形成并没有定式，因此在具体项目中合作主体的责权利安排也会有所不同。然而，作为区域"俱乐部产品"，如何令所有成员国都能实现成本—收益的匹配是合作的要义。结合欧盟、南美洲和大湄公河次区域的合作经验来看，实现这种匹配的合作机制以及其中的关键因素如下。

一 跨境基础设施合作的基本运行机制

从上述对跨境基础设施合作内容的分析可以看出，由于每一方面的合作都能够从区域和国家层面增加项目的经济和社会效益，并为项目的可持续发展提供保障，因此这些合作被视为一种必需。然而，由于这些合作内容之间存在着关联性，并且涉及区域性机构、国家各级政府和其他社会主体，加之受到资金筹措与成本分配、国家许可与管理能力、国家与区域政治局势等方面的约束与影响，跨境基础设施合作可谓是一项复杂的系统工程。通过对欧盟、南美洲和大湄公河次区域发展经验的分析，本书认为跨境基础设施合作的基本运行机制可以归纳为如图3-3所示的内容。

如图3-3所示，跨境基础设施作为一种区域"俱乐部产品"，各成员国家参与合作的目的在于获得跨境基础设施项目建设带来的社会效益和经济效益，以及区域一体化带来的国际竞争力加强。从这一点来看，跨境基础设施的合作必须以各国对利益的共识为基础，进而通过责任分配来提出具体的行动计划和项目来实现。因此，本书认为跨境基础设施合作可以分为利益识别、责任分配和利益实现三个阶段。

第一，利益识别阶段。对于跨境基础设施合作来说，这一阶

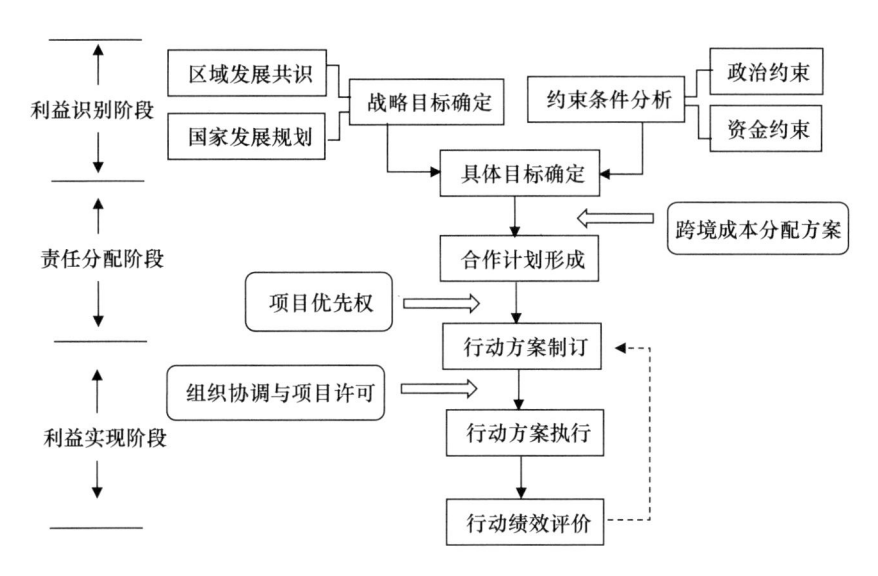

图 3-3 跨境基础设施合作运行机制示意图

段的核心在于确定合作的具体目标,因为只有各成员国之间确定了共同的合作目标,才能为了目标的实现开展各种行动,而这种目标的确定实际上是一个利益识别的过程,它需要以合作的战略目标和约束条件分析为基础。首先,由于跨境基础设施的发展服务于区域一体化,因此合作的目标必须与各成员国之间就区域发展达成的共识保持一致,同时还需要考虑各成员国发展规划对这种合作提出何种诉求,从而产生跨境基础设施合作的战略目标,而这种战略目标将是跨境基础设施发展的风向标。其次,除了从区域和国家层面对跨境基础设施发展的方向有所确认之外,清楚地了解约束条件也是客观分析合作可能产生利益的前提条件,而这种约束条件主要来自政治和资金两方面。在明确了战略目标和约束条件的基础上,便可以从边境发展、贸易促进、环境保护、贫困减轻和公共服务等方面制定具体的合作目标,从而明确合作能够带来哪些方面的利益。

第二,责任分配阶段。具体目标的确定意味着合作主体间已经就合作带来的利益达成共识,接下来便需要将这种目标转变为具有可行性的行动，而责任分配是其中的关键。对于跨境基础设施合作来说，这种责任分配应当是基于合作过程、成本分担和合作内容三个维度来开展的，并且最终形成合作计划。其中，合作过程是指从时间维度反映国家政府、区域性机构和其他社会主体在合作中的责任分配，成本分担则主要是基于项目评估和跨境成本分配来安排合作主体所承担的责任，而合作内容则主要是对合作主体在不同合作内容中承担的责任进行分配，由此形成综合了合作过程、合作主体与责任、合作内容、合作成本的合作计划。基于合作计划，合作各方需要进一步制订行动方案，而这种行动方案提出的基础便是提出和选择各类跨境基础设施项目，并且赋予将要执行的项目以相应的优先地位，而至此形成合作的行动方案，也对不同合作主体在行动中的责任予以明确。

第三，利益实现阶段。对于跨境基础设施合作来说，合作行动方案的形成仅仅是合作利益实现的基础，更重要的是合作各方能够根据方案来开展具体的行动，而在这之前，获得项目许可则是让项目付诸实现的前提。由于在行动方案的执行过程中，不同的项目可能会面对不同的外部影响因素，而合作主体间也会发生行为上的变化而影响项目的推进，因此需要有力的组织协调机制来促进各项目的执行。随着行动方案中各类项目的实施，不同国家政府、区域性机构、其他社会主体之间针对具体项目的合作关系逐渐建立，合作的利益也将逐渐生成，但其是否与合作的具体目标相匹配则存在不确定性，因此在项目推进过程中需要对执行的绩效进行评价，这种评价不仅是对具体项目绩效的评价，也是对整个合作在边境发展、环境保护、贫困减轻、贸易促进和公共服务改善方面取得的绩效进行的评价，当出现偏差时除了对具体项目做出调整外，在必要时也可以对执行方案做出整体变更。

二　优先项目的确定

从前文的分析来看，跨境基础设施的发展需要和参与国家国内的基础设施发展计划甚至是国家中长期发展战略相匹配，这意味着并不需要牺牲国内的发展来促成跨境基础设施的建设,而是要在国家和跨境的基础设施发展中寻求一个兼顾两者的最优方案。然而,由于合作国家间会存在基础设施管理制度、基础设施发展水平、技术标准等方面的差异,因此就需要在尊重和考虑各成员国自身基础设施发展需求的情况下来给予跨境基础设施项目一种优先权,这种优先权并不是令成员国家放弃自身的基础设施发展,而是给予一些能够满足各方共同需求的跨境基础设施项目率先发展的政治保证,从而在跨境基础设施发展的同时也助力国内基础设施条件改善,若各国之间无法就优先项目达成一致,合作就无从开展。从欧盟、南美洲和大湄公河次区域的发展经验来看,虽然在优先项目权确定方式上有所不同,但都包括以下三个关键点。

(一)备选项目的产生

基于合作的政治基础、经济基础和文化基础,参与跨境基础设施各成员国首先需要有一个表达自身需求的机会,进而分析和识别共同需求,从而产生备选优先项目。鉴于跨境基础设施的辅助性特点,为了实现项目经济利益和社会效益的最大化,在项目提出阶段往往需要听到来自不同利益相关者的声音。例如,欧盟在提出跨境能源基础设施备选项目时,基于优先走廊的划定,项目发起人不仅包括各国政府,也包括运输系统运营商、对该领域感兴趣的投资者等任何根据国家法律具有法人资格的实体。在南美洲区域基础设施一体化倡议实施中,基于南美十二国的发展诉求和发展条件,规划了发展中心,进而围绕发展中心由各国提出备选项目。大湄公河次区域的跨境基础设施备选项目虽然是亚洲开发银行主导提出的,但在提出的过程中也充分听取了六国在自然资源开发、贸易往来、基础设施发展等方面的利益诉求。

(二)项目的筛选

在充分收集了备选项目后,如何从中选出合适的项目就成了另一项优先项目确定的工作。无疑,这种筛选必须是公正的、公开的和公平的,最重要的是其筛选标准必须要符合区域和国家的发展目标。为此,欧盟成立了包括欧盟委员会、成员国政府、项目发起人、国家相关监管机构、ACER 的代表组成的评估小组来基于其对欧盟带来的效益和是否符合基础设施网络发展目标进行评估，其间还会通过听证会或直接咨询的方式向消费者和环境保护组织等开展咨询。与欧盟类似，南美洲方面也在 COSIPLAN 的组织下形成相应的评估小组，按照项目组合到项目的方式筛选出优先项目。而在大湄公河次区域的跨境基础设施项目筛选中，主要是由亚洲开发银行根据项目的经济效益和社会效益，以及对经济走廊发展的必要性和拉动性进行选择，并在征得各国政府同意后予以技术援助。

（三）优先项目地位的确定

由于筛选出的项目是实现跨境基础设施合作的主要形式，因此必须令其获得各成员国的承认和支持，而这一过程中可能出现的国家政府与其他方面认识不一致的问题会影响到最终的项目选择结果。另外，成员国之间还必须就获得优先权的项目所具有的一些优惠条件给予认可，并且承诺在项目执行过程中予以落实。从实践方面来看，南美洲和大湄公河次区域都选择采用双边和多边协议的方式来进行项目优先地位的确定，而欧盟则通过立法的方式规定了跨境基础设施的"优先地位"，其中包括可以相对于国内项目优先获得支持、通过适当的立法和非立法措施简化项目环境评估程序、加速规划和许可证发放过程、改善监管条件、优先向指定机构申请资金等。

三　项目评估与成本分配

虽然在选择优先项目并且确认其优先地位的过程中已经在很大程度上充分考虑了跨境基础设施合作中各利益相关者的意见和利益诉求，但是各方并没有对如何承担项目的成本达成共识，就成本分配存在的分歧可能会令选出的优先项目无法推进或拖延，而开展客观而公正的项目评估则是进行成本分配的前提，并且这种评估应该基于对项目正负外部性的全面认识。

从当前欧盟、南美洲和大湄公河次区域的实践经验来看，虽然对跨境基础设施项目评估的内容和方式并不完全一致，但是其要点可以概括为三个方面。一是评估的出发点都是从整个区域的角度来计算和衡量项目的成本和产生的正负面影响，评估的范围不仅将涉及项目物理设施所在的国家，同时也会包括所有受项目影响较大的国家，评估结果将会反映成员国都受到了什么样和什么程度的正负面影响，而这也是开展成本分配的最重要依据。二是从具体评估内容来看，项目的效益包括边境与区域公共安全、贸易促进、就业创造与贫困减轻、公共健康与疾病预防、环境保护等方面，而成本则包括资本支出、项目生命周期内的运营和维护支出以及相关的报废和废物管理成本等。三是在评估的过程中需要形成相应的公众参与和监督机制，例如欧盟在开展评估过程中，包括各成员国政府、监管部门、区域性机构、社会组织等在内的利益相关者均有代表全程参与评估，如果发现违规或不适当的行为均可以通过相关法律规定的途径予以反映，甚至如果在评估过程中发现项目存在不符合欧盟法律或欧盟政策的情况，项目可能就此从优先项目清单中被删除。[①]

以项目评估的结果为基础，跨境基础设施的成本分配并不同于国内项目的成本分配模式，其分配一方面取决于不同国家获得的收益情况，另一方面取决于各国的经济承担能力。由于跨境基础设施存在巨大的外溢性，因此项目带来的正负收益计算并不局限于物理设施覆盖的范围，而是需要从整个区域的角度来分析每个国家的情况，有的国家可能会由于获得了较多的经济利益而需要承担绝大多数成本，而有的国家则会由于承受了太多的负面效应而获得补偿。由于这种成本分配是一个复杂的博弈过程，因此各国之间可能会因为难于达成共同认可的成本分担方案而导致项目一再拖延，甚至中断合作。与此同时，客观地评估各国将在多大程度上承担项目成本也是让合作能够持续开展的重要前提，如果国家对应承担的部分表示经济实力不允许，那么将采取其他融

---

① The European Parliament and The Council, "Guidelines for trans-European energy infrastructure", *Regulation (EU)*, No. 347/2013, 17 April 2013, p. 11.

资方式来解决。然而，让区域内大国来承担的方式可能导致"私物化"现象的产生，因此从当前全球的实践状况来看，区域性开发银行贷款和区域性基础设施合作基金是更为可靠的融资途径。例如，欧盟通过立法形式规定只有获得至少10%正净收益的成员国才承担成本，而不承担成本或无力承担成本的国家将可以申请CEF的援助。

四 组织协调与项目许可

虽然上述的优先项目确定和跨境成本分配可以给予跨境基础设施合作以政治和经济方面的保证，但由于上述两项工作在开展的过程中以及项目的具体实施中会面对没有第三方来协调各成员国的情况，合作可能因长期的僵持甚至冲突而无法继续。如前所述，虽然区域性机构在处理这一问题中扮演着至关重要的角色，但这不足以让各国都能够开展有效的国内协调，而国内协调的滞后或失败会导致项目无法取得国家许可，进而令合作陷入僵局。笔者认为，欧盟、南美洲和大湄公河次区域在这方面的努力值得借鉴，其关键可以归纳为三个方面。

（一）协调小组的成立

由于各成员国在基础设施管理制度和机构设置上存在巨大差异，因此优先项目获得国家许可的过程不仅是国家政府之间协调的结果，也是国内不同部门之间协调的结果，特别是在不同政体的国家之间这一工作更加困难。从全球的跨境基础设施发展经验来看，成立协调小组是解决这一问题的有效途径之一。以欧盟的跨境能源基础设施合作为例来看，与项目相关的每个成员国指定一个国家主管当局负责促进和协调项目的许可证发放过程，该主管当局是项目发起人在项目实施过程中向上进行信息提交和做出决定的唯一联络点，主管当局也是就项目与区域性机构联络的唯一机构。在不违反欧盟法规和成员国法规的情况下，该主管当局可以通过设立一个由国内所有相关机构代表组成的工作组，以根据拟定的许可证发放时间表，协调并监控工作组做出针对项目实施的综合性许可决定，并且和其他成员国主管当局开展合作和协调，在适当情况下开展联合工作，例如项目的环境评估。[①]

(二) 建立协调员制度

虽然上述协调小组的建立利于各国围绕项目许可展开对话和沟通，但由于各国主管当局之间立场和利益的不同，可能无法就项目达成一致并给予项目许可。面对这一问题，协调员制度被认为是一种可行的解决方式。对比欧盟、南美洲和大湄公河次区域的实施情况，这种协调员可以来自参与项目的区域性机构、欧盟委员会这样具有"超国家权力"的组织或没有参与项目的第三方，其主要任务是采取一系列积极措施推动项目，包括开展项目发起人与所有利益相关者之间的跨境对话以便让项目获得所需的许可证、在适当的情况下向项目发起人提供项目融资方面的建议、对成员国提供项目筹备和实施方面的技术支持和战略指导、向各参与国提交报告说明项目情况以及可能遇到的重大困难和障碍。当然，不论是协调员的选择和任命，还是协调人与各国之间的各类协调工作都必须征得各成员国政府和主管当局的同意，并且给予充分的配合。

(三) 项目许可中的公众参与

从前文对跨境基础设施中其他社会主体的角色和权力来看，跨境基础设施的建设和发展必须"符合民意"并且接受民众的监督，项目许可也包括社会许可。因此针对优先项目的协调应考虑国家政府和主管当局与公众间的协调，以及不同国家间公众的协调。从当前的实践经验来看，这种公众协调包括三部分的内容，即项目发起人和主管当局向公众发放项目许可程序手册和建立项目信息公开渠道向公众披露项目信息，令公众代表按照规定的公共咨询程序参与项目许可中的对话，以多种形式接受公众质询和开展境内或跨境的公共协商。与此同时，这些协调活动的公众参与情况和讨论结果都应予以备案，并且作为政府协商的重要参考。

[①] The European Parliament and The Council, "Guidelines for trans-European energy infrastructure", *Regulation (EU)*, No 347/2013, 17 April 2013, p. 14.

跨境基础设施合作是通过跨境基础设施项目来实现的，跨境基础设施项目优先地位的确定令项目在实施全过程中获得相应的政治保证，以避免由于任何单边和多边的政治因素导致项目无法进行下去；项目评估和跨境成本分配则是项目利益和所需资源的体现，其结果一方面通过项目融资方式影响了项目利益相关者的构成，另一方面决定了项目的资源水平；而组织协调和项目许可则给项目的执行提供了组织上的保障，令不同项目阶段中不同利益相关者之间能够尽可能高效地开展协商并达成共识。

本章小结

跨境基础设施作为区域"俱乐部产品"，其供给机制并没有固定的模式，而是需要成员国家间基于收益和成本、受益范围和政治责任、受众需求和决策参与的相互对应，通过合作的形式来设计供给机制。为此，本章基于对欧盟、南美洲和大湄公河次区域的跨境基础设施合作经验，对合作基础、合作主体、合作内容、合作机制及其关键因素进行了探讨。

跨境基础设施合作大多是基于项目协议而开展的国家之间的双边合作，这种互惠互利的项目合作虽然不需要正式的体制或法律框架，但仍然需要相应的合作基础来确保合作的持续性，这种基础不仅包括各国政府对参与区域一体化意愿的表达、参与合作的政治承诺和政治互信，也包括各国对基础设施服务需求、服务对象和范围达成的共识、经济实力的匹配，以及文化政策、文化交流和文化认同构成的文化基础。鉴于跨境基础设施所具备的辅助性、补充性和匹配性，国家政府和各主管部门、区域性机构和包括私人投资者在内的其他社会主体将作为合作的主体开展以边境地区开发、环境保护、贸易便利化、就业与减贫和公共服务改善为内容的合作，虽然他们在不同的合作内容和具体合作项目中会扮演不同的角色并承担不同的责任，但这种合作的关键都在于跨境基础设施项目优先权的确定、跨境利益的评估和成本的分配以及组织协调机制的建立，因为这决定了是否能够实现包括利益识别、责任分配和利益实现在内的合作机制的构建和运行。

为了进一步讨论跨境基础设施合作是如何开展的，其具体合作行动和内容是怎样的，后续章节将结合欧盟、南美洲、大湄公河次区域等区域的实际案例，从边境地区开发、环境保护、贸易便利化、就业与减贫和公共服务改善五个方面对跨境基础设施合作的相关内容进行阐述。

第 四 章

跨境基础设施与边境地区开发合作

国家边界是国家领土和主权利益的体现,其用以限制边界两侧国家在地表乃至垂直空间的扩张、政权和法律的延伸,因此自产生之时起国家边界就形成了屏蔽效应,而跨境基础设施这一区域"俱乐部产品"却在国家间的合作之下基于物理设施跨越了两国或多国边界,对消解边界的自然地理屏蔽效应、制度性屏蔽效应和国民屏蔽效应起到了积极作用,而其对于边境地区发展和边界开放效应扩大的作用需要通过边境贸易区建设、边境地区产业发展和边境地区城镇化来实现。为此,本章将基于对跨境基础设施与边界效应关系的分析,对如何基于跨境基础设施来开展上述三方面的合作进行讨论。

第一节 边界效应与跨境基础设施开发

边界是要素流动受限制的现象,所以空间经济理论把国界与劳动力流动壁垒联系在一起,将此视为国家的特征,认为边界是国家政治权限发生变化的地点。[1] 历史上的国家边界是随着国家的产生而出现的,并且往往以自然障碍或人为制造障碍

---

[1] [日]藤田昌久、[美]保罗·克鲁格曼、[美]安东尼·J. 维纳布尔斯:《空间经济学——城市、区域和国际贸易》,梁琦主译,中国人民大学出版社2005年版,第283页。

来形成,以限制边界两侧国家在地表乃至垂直空间的扩张、政权和法律的延伸,是国家领土和主权利益的体现。因此,国家边界从产生之时就形成了屏蔽效应。然而,跨境基础设施这一区域"俱乐部产品"在国家间的合作之下基于物理设施跨越了这种边界,并且对消解边界屏蔽效应,扩大边界开放效应起到了积极作用。

一 边界效应

自1995年McCallum通过对比加拿大境内省份之间的贸易量与加拿大各省份同美国各州的贸易量从而首次提出了"边界效应"(Border Effects)后[1],国内外学者对该问题开始了持续研究,而边界效应的定义也不断被修改和丰富。边界效应的主要含义是指国家边界对双边贸易的影响,其体现为即使在高度一体化的国家联盟内,一个国家的国内区际贸易流远大于国内地区与外国地区之间的贸易流。国家边界作为阻碍空间相互作用的屏障和相邻两国进行陆地交流的空间中介,由于受到经济无边界化的影响,其屏障作用正在减小,而衔接和中介作用则开始强化。[2]

从国内外研究现状来看,边界效应可分为屏蔽效应和开放效应。其中,边界屏蔽效应是指边界成为阻碍空间相互作用的效应,其可细分为自然地理屏蔽效应、制度性屏蔽效应和国民屏蔽效应。边界开放效应则是指边界开放对要素跨境流动的促进作用,它可以细分为关税减让效应、市场拓展效应、资源聚合效应、资本跨境流动效应、技术跨境转移效应、双币流通效应和跨境民族区效应。其主要形成原因与表现形式如表4-1所示。

---

[1] John McCallum, "National borders matter: Canada-U. S. Regional Trade Patterns", *American Economic Review*, Vol. 85, No. 3, 1995, pp. 615–623.

[2] 杨汝万、胡天星:《边界效应的转变和边境城市——以深圳为例》,载叶舜赞等《一国两制模式的区域一体化研究》,科学出版社1999年版,第104页。

表 4 – 1　　　　　　　　边界效应的分类

效应名称	形成原因	表现形式
自然地理屏蔽效应	边境地区自然地理屏障	生产要素的跨境流动受到阻碍，运输成本高，运输时间长，跨境流动便利化设施建设具有长期性和高投资性
制度性屏蔽效应	国家对邻国的制度约束	关税和非关税壁垒、报关手续和程序烦琐、移民和边民流动障碍等
国民屏蔽效应	国家认同和民族认同在边境地区的分化	支持本国产品、抵制从外国进口同类产品、对购买外国产品的消费者进行打击报复等极端行为
关税减让效应	减弱制度性屏蔽效应	两国的进出口商品价格降低
市场拓展效应	扩大双边市场	市场边界超越国家行政边界，扁平化的市场规模得以拓展
资源聚合效应	自然地理屏蔽效应较弱的边境地区对两国资源的汇集	在地理条件较好的口岸或政府制定的区域内形成商品交换市场，如边民互市点等
资本跨境流动效应	扩大国外市场，改善边境地区生产条件	投资国将边境地区列为吸引对外投资的主要地区，投资国在边境地区建厂
技术跨境转移效应	发达一国向落后一国进行产业扩散	（1）当投资国经济发展程度较高时，向投资国溢出加工制造业技术，提升投资国的技术装备水平 （2）当投资国经济发展程度低时，开展农业技术推广、农业劳动力技能培训等援助 （3）当投资国经济发展程度较低但已启动工业化进程，投资母国投资农产品加工业、矿业、服务业
双币流通效应	解决跨境贸易进出口结算支付工具问题	边境口岸和边民互市交易过程中可以使用双方的货币作为交易媒介，双方货币兑换便利且汇率稳定

续表

效应名称	形成原因	表现形式
跨境民族区效应	减弱国民屏蔽效应	建立跨境民族聚居区，将跨境民族的人员往来与交流作为两国文化交流的重要内容，两国共同建立跨境民族治理体系等

资料来源：根据梁双陆所著《边界效应与沿边开放理论》（云南人民出版社2015年版）一书第6—14页内容整理。

如表4-1所示，尽管边界屏蔽效应不仅对国家间的经济往来形成了障碍，也令边境地区长期处于落后状态，但边境地区所具有的独特空间地位及其发展所能够带来的巨大影响则令其成为区域一体化中各国经济合作的焦点地区，即便是在高度一体化的欧盟，各国仍然在为如何消减边界屏蔽效应和发展边境地区而努力，而这种努力的目标之一就在于将边界屏蔽效应转化为开放效应。例如，以共同推进区域交通运输、能源、通信等基础设施为主的区域经济合作旨在消减边界自然地理屏蔽效应；以共同努力消除贫困为主的区域经济合作是为了增加区域内民众收入和就业机会，以减弱边界的制度性屏蔽效应和促进边界的市场拓展效应、资源聚合效应等；而以文化交流和跨境民族区治理为主的区域经济合作则是为了弱化国民屏蔽效应，以充分发挥同源民族在双向交流与开放中的作用。

二 跨境基础设施开发与边境效应的关系

区域经济一体化作为两个或两个以上国家内部之间或国家与地区之间通过某种方式进行协调与整合以实现区域内国家互惠互利、优化资源配置和共同发展的过程，核心之一便在于消除边界屏蔽效应而扩大边界开放效应。基础设施互联互通作为区域一体化的先行内容，有助于减弱进出口贸易中边界屏蔽效应[①]，而跨境

[①] 梁双陆、张梅：《基础设施互联互通对我国与周边国家贸易边界效应的影响》，《亚太经济》2016年第1期。

基础设施则是其中的关键组成部分，其发展可能带来的跨境运输条件改善、通关程序优化和跨境人口流动加快不仅将为边界地区发展带来契机，也将有力地支撑边界开放效应的实现。跨境基础设施开发与边界效应的关系如图4-1所示。

```
                    ┌──────────────────────┐
                    │ 跨境基础设施建设和运营 │◄─────┐
                    └──────────────────────┘      │
            ┌──────────────┼──────────────┐       │
            ▼              ▼              ▼       │
      ┌──────────┐   ┌──────────┐   ┌────────────┐│
      │跨境运输  │   │通关程序  │   │跨境人口   ││
      │条件改善  │   │优化      │   │流动加快   ││
      └──────────┘   └──────────┘   └────────────┘│
         ↓消减         ↓消减          ↓消减       │
      自然地理屏蔽效应 制度性屏蔽效应 国民屏蔽效应 │ 支撑
                                                  │ 与
            ┌──────────────┼──────────────┐       │ 促进
            ▼              ▼              ▼       │
      ┌────────────────────────────────────────┐  │
      │           边境贸易区建设               │  │
      │   边境地区产业发展 ←→ 边境地区城镇化   │  │
      └────────────────────────────────────────┘  │
              ⇓                    ⇓              │
         边境地区发展        边界开放效应增强──────┘
```

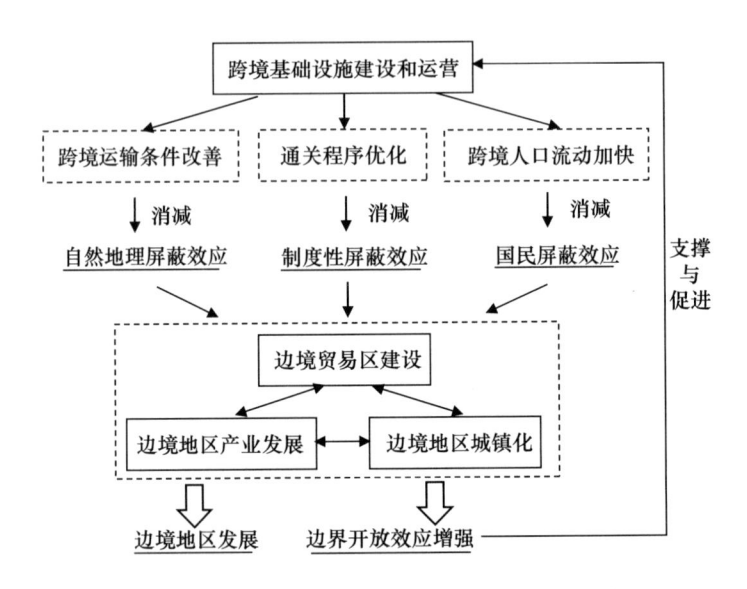

图4-1 跨境基础设施开发与边界效应关系示意图

如图4-1所示，跨境基础设施的建设和运营，特别是跨境交通运输基础设施的发展首要结果就是有效改善包括边境地区在内的区域跨境运输条件，而这无疑将有利消减边界的自然地理屏蔽效应，特别是对于高山峡谷众多的山区型边界地带来说，跨境基础设施的修建将极大地改善跨境运输中冰山成本高昂的状况。与此同时，由于沿线各成员国政府和主管部门之间已经就跨境基础设施的开发形成了合作关系并希望从设施的运营中获得尽可能多的利益，因此为了提高设施的利用率，势必就提高货物和人员通关效率等进行协商，形成一些有助于优化通关程序的机制，而这则成为消减边界制度性屏蔽效应的关键之一。随着通行条件的改善和通行时间成本的降低，以及人员通关程序的简化，区域内的人口跨境流动频率将会提高，特别是对于一些跨境民族来说，由于宗族事务和文化活动所开展的跨境流动将成为常态，而这些无疑将有利于弱化边界的国民屏蔽效应。

然而，边界屏蔽效应的消减并不等于边界开放效应的实现。在开放条件下，边界地区凭借连接国内外两个市场、境内外两种资源的优势，促进资源、资本、技术等要素的跨国流动，而边界开放效应的实现主要是要充分发挥边界聚合资源和跨境贸易市场的先天优势来促进要素跨境流动，实现各国市场的拓展、资本的跨境流动、技术的跨境转移、多种货币的流通和跨境民族区的建设，而这不仅与边境地区的自然地理条件有关，也与边境地区的贸易软硬件条件、生产生活设施与公共服务供给和产业发展情况密切相关，因此要让跨境基础设施发挥促进边界开放效应实现的作用，就必须开展以边境贸易区建设、边境地区城镇化和边境地区产业发展为主要内容的合作，而这三方面的合作成果不仅将带来边境地区的发展，也将通过边界开放效应的实现为跨境基础设施的运行提供经济和社会支撑，间接促进区域内跨境基础设施的开发。

三 跨境基础设施发展中的边境地区开发合作内容

如上所述，跨境基础设施对边界屏蔽效应的消减起到了重要作用，但其对边界开放效应实现的作用需要以边境地区的发展作为关键基础，而边境贸易软硬件条件、边境地区的生产生活设施与公共服务供给、边境地区与跨境贸易相关的产业发展则是边境地区发展的核心内容，因此笔者认为边境贸易区建设、边境地区城镇化和边境地区产业发展是跨境基础设施实现边界屏蔽效应向开放效应转变的关键合作内容，其三者的关系如图4-2所示。

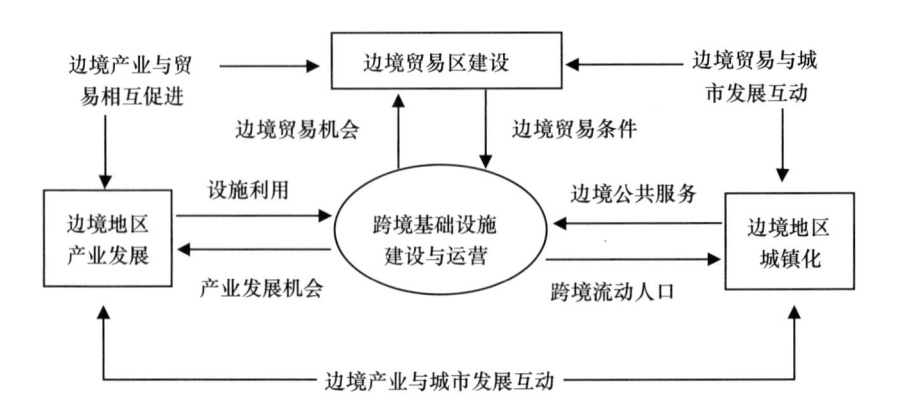

图 4-2　跨境基础设施与边境地区发展的关系示意图

如图 4-2 所示，跨境基础设施的建设和运营与边境贸易区建设、边境地区产业发展和边境地区城镇化有着相互关联性。第一，跨境基础设施的建成将由于边界屏蔽效应的消减而带来更多人流和物流经过边境地区的可能性，这也给边境贸易区的发展提供了机会；而边境贸易区的建成又为利用跨境基础设施的人员和企业提供了开展边境贸易的条件，这无疑将有利于设施运行效率和效益的提高。第二，由于跨境基础设施的修建减少了生产要素跨境和部分国内运输的成本，加之出现了跨境旅行者和货物运输带来的商机，边境地区将有机会结合自身资源条件来发展旅游、物流、农副产品加工等相关产业，而产业的发展将提高对设施的利用率。第三，由于跨境人口的数量将伴随着跨境基础设施的运行而日益增加，绝大多数人都有获取边境公共服务的需求，而边境地区的城镇化水平将在很大程度上影响这种服务能力。

与此同时，从边境地区的发展来说，边境贸易区建设、边境地区产业发展和边境地区城镇化存在着互动关系。其中，边境贸易区的发展不仅能够为边境地区产业的发展提供产品交易市场，同时也能够提供相关的生产物料，而边境地区的产业发展则会进一步扩大边境贸易区的交易范围和作用。边境地区的城镇化不仅意味着边境农村人口向城镇居民转变，更意味着人居条件的改善和边境城市的发展，这无疑将给边境贸易区的发展创造良好的物质和社会基础,而边境贸易区发展带来的经济和社会效益也将助推边境地区地城镇化。由于边境地区的城镇化将为工业生产提供必需的物质基础,加之很多边境居民将移居城市并且从事非农产业的生产活动,因此这对于边境地区的非农产业发展创造了条件,而边境地区的产业发展不仅将给边境地区城镇化带来经济支持,也将为更多的边境居民带来非农就业机会,从而令他们能够更好地实现从农业生产者到工业生产者的转变。因此,为了能够利用跨境基础设施突破边界屏蔽效应,迎来边境地区的发展和整个区域经济合作的成功,邻国间必须基于上述关系来开展边境地区的开发合作。为了进一步说明合作的具体内容和形式,下文将结合实际案例,主要对跨境交通基础设施发展中如何开展这三方面的合作开展分析。

第二节 跨境基础设施与边境贸易区建设合作

从前文对边界开放效应的阐述可知,对于具有一定开放性,即消减了部分屏蔽效应的边境地区来说,双边市场将得以拓展,双边贸易规模逐渐扩大,贸易需求促进资源在边境地区尤其是边境口岸聚合,而边境贸易区此时就成为规范、管理和促进双边贸易的必需。从这一点来看,边境贸易区的建设合作不仅影响跨境基础设施发挥其促进边界开放效应实现的作用,也影响跨境基础设施效益的实现。

一 跨境基础设施发展中的边境贸易区建设合作内容

在边界非封闭状态下,跨境基础设施穿越的边境地带会迎来跨境人流和物流的大幅度增加,这为发展边境贸易提供了重要机遇。然而,由于边界对于国家安全有着不可替代的作用,因此边境贸易区的发展必须以确保边界地带和平稳定为前提。与此同时,虽然边境贸易区能够充分发挥边界的市场拓展和资源聚合效应,但并非所有利用跨境基础设施进行跨境流动的人员和货物都能够保证在贸易区中开展合法的交易。因此，为了确保跨境基础设施能够有效地促进边境贸易区的发展，边境贸易区的发展也能够保障跨境基础设施的运行，笔者认为边境两侧的国家应着力开展边境贸易区边界划定与功能划分、出入规则制定与协调、市场监管三方面的合作。

（一）边境贸易区边界划定与功能划分

边境贸易区作为邻国间进行商品贸易的场所，不仅应该能够满足商品交易的需求，同时还应该能够符合边境安全管理的要求，加之需要与跨境基础设施通过相应的连接通道形成互动关系，因此其位置的选择、区域边界的划定和功能的划分就十分重要，这不仅关系到商品贸易和货物运输的效率，还关系到国家领土的安全。因此，从确保跨境基础设施运行安全和提高设施运行效率的角度来看，在边境贸易区的建设过程中，邻国政府间首先应该就贸易区的地理范围选择、边界划定以及功能划分开展合作。其中，贸易区的地理位置通常与跨境基础设施相临近，这样能够有效降低连接通道以及相关辅助设施的建设成本，但由于贸易区本身可能跨越边境线，因此必须在两国政府的合作下来进行选址，并且划定相应的区域边界。从既有的国际实践经验来看，边境贸易区中通常划分为进出口过程区、自由交易区、物流与生活服务区三个功能区，其中的进出口过程区主要是为办理海关、边境检验检疫、移民等事务划定，而自由交易区主要用于商品展示与贸易，物流与生活服务区则主要为货物运输提供物流服务以及为贸易区内提供餐饮、住宿等服务。从功能上来说，进出口过程区通常与跨境基础设施过境点的功能相融合，同时也是最需要邻国间进行合作建设的区域。

（二）边境贸易区出入规则制定

在边境贸易区建设的过程中，除了区域位置与功能外，出入规则是另一项影响交易效率的重要因素，因为这关系到货物交易和人员出入境的合法性以及商品和人员流动的便利性。然而，由于进出边境贸易区中的商品和人员往往涉及关税征收、移民身份获得、动植物检验检疫等事项,而不同国家在这些方面的管理办法存在差异,因此邻国间必须就如何制定和执行边境贸易区出入规则开展合作。从当前的国际实践情况来看,由于边境贸易区的具体功能和发展成熟度存在差异,因此在出入规则也有所不同,但总体来说其核心之一便是如何与跨境基础设施在边界点的运行相结合,具体内容包括商品类型、人员身份和交易方式三方面。其中,商品类型主要是指对进入边境贸易区进行交易的商品类型有所限制,特别是对于一些动植物制品、化学危险品等实施严格的限制措施,不仅不准进入贸易区,甚至直接在跨境公路或铁路的过境点进行阻拦。人员身份主要是指对进入贸易区的人员进行限制,例如仅允许持有合法边民证和双边认可的营业执照的人员方可进入贸易区,对于一些限制性人员则在过境点就进行分流。交易方式则主要是对大宗交易和零售服务进行区分,并且在货物进入贸易区之前就予以检查、征收关税和分流进入贸易区。

(三) 边境贸易区的市场监管

对于边境贸易区来说,来自两国甚至多国的人员会聚一地,虽然实现了资源聚合和市场拓展的边界开放效应,但也存在威胁国家安全和边境地区社会稳定的因素。因此,对边境贸易区开展有效的市场监管不仅是确保交易顺利开展的前提,也是确保边境安全的重要工作。然而,由于邻国间在商品交易的相关法律和政策、文化传统等方面存在差异,因此必须通过邻国间开展合作才能对边境贸易区进行有效和可行的市场监管。从具体监管内容来说,为了能够维护贸易区中的社会秩序和交易的规范性,不仅需要开展日常的交易管理,同时也需要注意在管理中对参与商品交易的人员进行保护,以免发生干涉外国人员自由或侵犯人权事件。与此同时,为了能够更有效地预防扰乱交易秩序事件的发生,邻国的相关主管部门应该通过合作对跨境公路或铁路周边居民以及旅客进行有关合法交易的宣传,并且加强进入贸易区前的货物和人员检查,最大限度地降低经由跨境基础设施进入边境贸易区交易的货物和人员破坏市场交易事件发生的可能性。

二 中缅跨境交通基础设施发展下的姐告边境贸易区

姐告，位于云南省德宏傣族景颇族自治州的瑞丽市，其东、北、南三面皆与缅甸木姐市相接壤。由于跨境民族、佛教交流等原因，姐告与木姐之间的边民很早就建立了贸易往来关系，并且在边界地区形成了一定规模的边民贸易市场。然而，由于边民日常贸易主要依赖水路运输，不仅时效较低且极易受到天气的影响。1989年，阻隔姐告与木姐的瑞丽江上修建起了连接两岸的姐告大桥，从此边民贸易便可风雨无阻的通过公路运输来实现，并且很多持有合法边民证的边民还得到了快速通关的资格，这些都成为今后姐告边境贸易区发展的重要基础。

2000年，国务院批准在姐告设立实行"境内关外"的监管模式，设立姐告边境贸易区，海关设于姐告大桥西侧。缅甸政府也相应地将木姐海关后撤15公里至105码处，并在木姐一侧实施类似中方的海关特殊监管模式，形成近300平方公里贸易区。① 作为中国第一个实行"境内关外"管理的边境贸易区，在姐告边境贸易区内，中国货物进入贸易区视为已经出口，享受国家出口税收优惠政策。缅方一侧货物进入贸易区，在未到达姐告大桥之前，无须向海关申报，需进入国内时按国家进口规定进行管理。第三国转关过境货物进入贸易区，可以在区内保税加工、仓储、展示、交易。区内从事加工、生产、销售和提供应税劳务的行业免征增值税、消费税，企业所得税地方分享部分（占40%）按"五免五减半"方式征收，区内免征一切行政事业性收费。此外，区内贸易自由度高，除国家明令禁止的商品以外，各国商品均可在区内自由的仓储、加工、展示、销售，有别于国内其他海关特殊监管区管理政策。进入贸易区内的商品可通过一般贸易、跨境电商以及旅客免税购物三种方式进入国内和国外市场。企业可在贸易区内从事外国商品线下展示、体

---

① 林正文、付正汇：《中缅口岸姐告发展态势及原因分析》，《价值工程》2018年第9期。

验和销售业务。区内自用和外籍人员购买无数量限制，带入国内消费的商品按"自用合理"原则管理。①

边境贸易区成立二十年来，姐告从一个 80 年代普通的通商口岸，发展成为如今位于德宏自贸区试点的国家级边境口岸，同时兼具进出口商品加工区、仓储转运中心等功能。在缅甸方面，木姐市也受"境内关外"模式所惠，发展成为缅甸边境地区社会经济发展最快的城市之一。为了满足贸易区的多式联运需求，瑞丽市目前仍然在不断升级和改造相关的跨境基础设施。与此同时，随着我国与缅甸多条跨境公路和铁路的修建，瑞丽市将成为重要的中缅跨境连接点，边境贸易区将在该市得到进一步发展。

三 跨境基础设施发展中的边境贸易区建设合作要点

从以上对姐告边境贸易区的分析不难看出，边境贸易区的发展不仅给予了中缅边民更为便利的贸易条件，同时也极大地促进了中缅两国贸易的增长和边境地区的发展。然而，由于不同国家的对外开放政策以及对待边境事务的态度和方式不尽相同，因此边境贸易区的合作仍然面临很多不确定性。为此，笔者认为，在基于跨境基础设施开展的边境贸易区建设中，应当注重以下三方面。

（一）邻国之间对边境贸易区管理的协作

边境贸易的蓬勃发展为边境地区的经济和社会发展注入了活力，这无疑是两国政府期待看到的结果。然而，由于边界地带对于国家安全有着不可替代的作用，各国对边界的管理具有很强的利己性，而这难免造成边境贸易区管理方面存在分歧或矛盾。因此，为了能够让边境贸易区顺利建成并发挥作用，邻国之间的国家政府、主管部门、边境地区地方政府之间必须建立良好的沟通和协调机制，并形成双方一致认可的管理规范，而这不仅是边境贸易区持续发展的保障，同时也对跨境基础设施的功能发挥和效

---

① 中华人民共和国海关总署：《中华人民共和国海关对姐告边境贸易区监管的暂行办法》，2000 年 8 月 28 日。

益实现有重要作用。

（二）边境贸易区贸易规模与跨境基础设施承载能力相匹配

从上文的分析可以看出，跨境基础设施的发展水平在很大程度上影响到边境贸易区的功能发挥，而边境贸易区的繁荣也影响着跨境基础设施的运营效益，因此两者之间应该实现互相促进的协调发展，其中的关键就是边境贸易区贸易规模与跨境基础设施承载能力的相互匹配，即跨境基础设施的运量、运输安全管理和配套设施设置等能够完全满足边境贸易区产生的运输需求，而边境贸易区所产生的货物和人员流动需求能够令跨境基础设施最大限度地发挥其作用。为了实现这一点，就需要邻国间对边境贸易区的贸易情况进行动态跟踪与分析，并且共同根据发展需求来制定跨境基础设施升级与新建规划。

（三）营造公平的交易环境

基于本章第一节中的相关分析不难看出，边境贸易区发展的目的不仅在于为边境地区发展带来商业契机，也在于为邻国间相互拓展国内市场提供条件。从这一点来看，边界两侧的国家应该对边境贸易区享有同样的利用机会，而这最直接的体现之一就是拥有一个公平的交易环境，即在贸易区内开展的商品交易，不应存在国家和民族歧视，不论交易双方来自何处，都能够享有相同的竞争机会。为了实现这一点，不仅应该加强对市场的监管以及对公平交易的宣传，同时应该在制定边境贸易区出入规则时予以充分的考虑和反映，而这一点实现的前提便是如何让来自不同国家的人们都能够通过合法的方式公平地利用跨境基础设施。

第三节　跨境基础设施与边境地区城镇化

边境地区由于受到边界屏蔽效应的影响，往往容易出现经济发展滞后的现象，且城镇化水平普遍较低，而跨境基础设施的修建不仅给边境地区带来了经济发展的契机，也带来了推动城镇化的动力。然而，边境地区对国家安全的特殊作用导致其城镇化方式与内容具有一定的独特性。为此，本节将基于跨境基础设施与边境地区城镇化的关系，结合实际案例，对邻国间开展边境地区城镇化的内容和实施要点进行探讨。

一 跨境基础设施发展中的边境地区城镇化合作内容

城镇化是一个集人口、社会、经济、地理环境等多个系统复杂演化的过程，这一过程的典型表现之一是农村人口向城镇人口的转变和农业就业人口向非农就业人口的转变。从这一点来看，边境地区的城镇化意味着边境地区的很多农村人口将进入边境城市并从事非农产业的生产活动，边境地区的部分土地将用于城市建设和发展，非农产业也将在边境地区逐渐兴起，而边境地区城镇化的重要推动力之一便是跨境基础设施的发展。其原因在于，跨境基础设施的运行为人口跨境流动带来便利，这有利于人们向边境城镇汇聚，而边境城镇生活条件的改善和非农产业的发展则吸引更多的人流入边境城镇，促进城镇化进程的同时也提高了对跨境基础设施的利用效率。由于跨境基础设施与边境地区城镇化之间存在着这样的互动关系，因此在推动边境地区城镇化的过程中，邻国之间应着重开展以下三方面的合作。

（一）维护边界安全与边境地区社会稳定

相比于国内其他地区，边境地区的经济与社会状况与国家安全有关，其城镇化首先是要能够有利于边界安全和边境地区的社会稳定。然而，由于很多不发达国家的公共安全管理水平低下，很多边境地区长期受到走私、贩毒、跨境赌博、跨境人口贩卖、偷渡等问题的困扰，而这些问题有可能会由于跨境基础设施的修建而加剧。因此，在开展边境地区城镇化的过程中，必须把确保边界安全和边境地区的社会稳定作为第一要务，一方面要防止边境城镇空虚化而带来的对国家领土和主权完整的威胁；另一方面则需要邻国间通过合作对边境地区开展综合社会治理并进一步完善公共安全和社会治安管理。其中，除了进一步加强过境点的边民及其他跨国流动人员的管理外，还需要充分提升包括边境贸易区、边民混居区、跨境民族聚居社区等边境城市内部区域的治安管理能力，建立和健全边境城市的社会稳定监测机制，以确保邻国间的边境安全和边境居民生产生活的有序进行。

（二）跨境流动人员和边民的公共服务

随着边境贸易区和跨境基础设施的发展，将会有越来越多的人会聚到边境地区来谋求商机或寻找就业机会，而这些人的生产和生活需要有一定的公共服务作为支撑。因此，为了能够让新进入边境城镇的人们得到必需的公共服务，并且确保原住居民所享有的公共服务质量和数量不受到影响，边境地区的城镇化必须着力完善医疗、教育等公共服务体系，增加公共服务供给能力，并且为新移入居民提供较好的生活环境，以便能够让其安居乐业。另外，除了边境城镇的新移入居民外，包括旅游者、跨境运输人员等跨境流动人员也将对边境城镇产生相应的公共服务需求，而诸如临时就医、临时居住等需求不仅关系到过境人员的人身安全和合法身份获取，同时也关系到边境城市的社会安全。因此，邻国的国家政府、地方政府和主管部门必须通过合作来开展边境地区的城镇发展规划，科学合理地开展城市布局，加强社会公共服务供给能力，有序引导两国的农业人口进入边境城市。

（三）边境非农产业的就业引导

对于流入边境城镇的境内外新移民来说，除了生活条件和方式的改变外，就业成了最大挑战。对于很多不发达国家的边境居民来说，由于国内教育资源的匮乏和分配不均，导致很多人没有机会接受正规职业教育，甚至连一些基础性知识都未能掌握，但这些并不能阻止很多人涌入边境城镇来寻求更好的生活，特别是跨境基础设施修建后，跨境通行成本的降低将令更多人放弃农业生产来到边境城镇就业。虽然从人力成本的角度来看，进入边境城镇的农业人口能够为边境产业的发展带来充足的劳动力，但从城市发展的角度来看，这些人员在不能实现就业的情况下将给城市带来不安定因素。因此，为了让新流入的移民得到适合的就业机会，邻国间应该积极开展合作，结合边境产业和贸易区发展的情况，科学和有序地引导就业，并且通过设立跨境就业服务、职业技能培训等方面的专业机构为来自国内外的移民提供就业指导服务。

二　中越跨境交通基础设施发展下的广西凭祥市城镇化

地处中国南部的凭祥市为广西壮族自治区县级市，与越南谅山接壤，素有"祖国南大门"之称，全市土地面积650平方公里，人口约13万人。① 凭祥市距广西首府南宁和越南首都河内均为160公里（高速公路），边境线长97公里，1992年被国务院批准为沿边对外开放城市②，境内有友谊关口岸（公路）和凭祥口岸（铁路）2个国家一类口岸，1个二类口岸，5个边民互市点，是广西口岸数量最多、种类最全、规模最大的边境口岸城市，是中国通往越南及东南亚最大和最便捷的陆路通道。③ 2019年8月，凭祥市被列入中国（广西）自由贸易试验区崇左片区范围。④

近10年来，随着跨境公路和跨境铁路的修建，凭祥市的中越边贸往来日渐频繁，其城镇化发展也进入快车道。据报道，凭祥市友谊关口岸2012年全年通车辆仅5.6万辆，而到2019年通车量增长了5倍多，并且随着货运专用通道的拓宽，跨境人流和物流将进一步增加。⑤ 为了满足边境贸易和跨境运输发展带来的边境生产生活和公共服务需求，在自治区政府的支持下，凭祥市的城

---

① 百度百科：凭祥，https：//baike.baidu.com/item/凭祥。
② 《从雷场禁区到开放前沿——广西沿边对外开放之路越走越宽》，2019年7月25日，中国法院网（https：//www.chinacourt.org/index.php/article/detail/2019/07/id/4205343.shtml）。
③ 《广西凭祥成我国通往东南亚最大陆路通道》，2007年6月6日，新浪网（http：//news.sina.com.cn/c/p/2007-06-06/075013163221.shtml）。
④ 中华人民共和国中央人民政府. 国务院关于同意新设6个自由贸易试验区的批复（国函〔2019〕72号），2019年8月26日，http：//www.gov.cn/zhengce/content/2019-08/26/content_5424518.htm。
⑤ 《从雷场禁区到开放前沿——广西沿边对外开放之路越走越宽》，2019年7月25日，中国法院网（https：//www.chinacourt.org/index.php/article/detail/2019/07/id/4205343.shtml）。

镇化水平大幅度提高，在 2016 年年末全市的城镇化率就已达 70.89%，位居全区县（市）第一。城镇化水平的提高不仅令本市居民的公共服务质量和生活水平有了大幅度的提高，对中越两国边民和跨境流动人口也带来福利，为途经本市的跨境交通基础设施运行提供了保障，而下述的凭祥市夏石镇公共卫生设施和服务发展就是例证之一。

夏石镇位于广西壮族自治区凭祥市东北部，是凭祥市与越南接壤的四个乡镇之一。随着边民互市和跨境运输的发展，越来越多的越南籍商人和工人往来于中越边境地区，这也带来了传染病跨境传播的风险。为了确保来往边民的健康和维护跨境通道的运行，广西疾病预防控制中心、崇左市疾病预防控制中心、凭祥市卫健局、凭祥市疾病预防控制中心、凭祥市夏石镇中心卫生院于 2018 年 12 月共同建成了广西首家中越边境地区数字化中越双语预防接种门诊。门诊建成后的一年内，已接种疫苗 834 剂次，适龄儿童各种免疫规划疫苗接种率均达 90% 以上，且该地区并未发生可预防疾病的流行和暴发。由于成效显著，崇左市其他边境县也开始在当地推广建设数字化预防接种门诊。截至 2019 年底，崇左市全市 4 个边境县已经建成了 10 家数字化预防接种门诊，给超过 30 万中越边民和跨境旅行者带来了预防传染疾病的"安心药"。[①]

三　跨境基础设施发展中的边境地区城镇化合作要点

从上述对我国广西凭祥市的城镇化分析来看，边境地区城镇化不仅需要确保边境安全，也应该针对边境两侧居民的生活需求、地方经济发展水平以及跨境基础设施的规模来开展。为此，笔者认为基于跨境基础设施的边境地区城镇化合作有以下三个合作要点。

---

① 《崇左市中越边境地区数字化预防接种门诊建设成效好》，2019 年 12 月 30 日，崇左新闻网（http://www.czdjw.gov.cn/UCM/wwwroot/gxcznews/xwzx/shxw/2019/12/666810.shtml）。

（一）城镇化进程与跨境基础设施发展水平相匹配

对于大多数边境城镇来说，跨境基础设施的发展既是机遇也是压力，而这种压力主要来自对跨境流动人口和新移民的承载力不足。由于很多边境城镇发展基础差，基础设施和公共服务管理能力不足，快速实现城镇化是不现实的。因此，邻国政府间应该根据跨境基础设施发展规划和目标，及早通过合作来制订边境地区城镇化计划，并采取相关行动和出台相关政策来推动城镇化进程，以便能够在跨境基础设施兴建过程中就完成关键性的城镇化内容，令两者之间形成良好的匹配。与此同时，在城镇化推进过程中，应该密切关注边境地区人口流动、双边贸易和产业发展情况，适时调整城镇化建设内容，以便实现边境城市扩张和跨境基础设施发展之间动态平衡。

（二）注重公共服务的公平性

随着跨境流动人口的增多，边境城镇将会迎来更多具有不同国籍、不同文化传统和不同民族的移民，这将给公共服务的提供带来诸如语言、风俗习惯等多方面的挑战。因此，如何能够让所有居民获得无差别且充足的公共服务就成为边境地区城镇化一个必须面对的难点，如果这一问题不解决，不仅可能引发居民对政府的不满，甚至可能导致以种族歧视或民族歧视为理由的国家间冲突。为此，邻国间应该通过合作来促进公共服务供给的公平性，在实现公共服务分布均衡化的同时也开展服务形式的创新，例如在机场、火车站、客运站、边境检查站、公交系统等公共场所中采用多语种标示，在政府窗口部门实施多语种办公等。

（三）营造稳定和谐的城镇化环境

由于特殊的政治和军事作用，边境地区城镇化肩负着维护邻国间友好关系和边境地区社会安定的特殊使命，因此如何营造稳定和谐的城镇化环境不仅是边境城镇社会稳定的需要，也是国家安全的重要前提，而这种环境的核心在于居民能够共享城镇化带来的硕果，而所有居民也有义务参与城镇化建设。为了营造这样的环境，邻国政府间应该根据边境地区的社会状况以及跨境基础设施的运行状况，开展形式多样的公众参与活动，在宣传跨境旅行和边境城镇生活相关信息的同时促进人们的文化交流，加强社会治安和公共卫生管理方面的信息化建设，在提高跨境社会动态跟踪和分析能力的基础上，建立针对打击违法犯罪、应对公共卫生突发事件和自然灾害等方面的社会联动机制。

第四节　跨境基础设施与边境地区产业发展合作

如本章第一节所述，跨境基础设施的修建将为边境地区产业发展带来契机，而这种契机不仅来自跨境运输成本的降低和运输条件的改善，也来自跨境流动人口增加带来的劳动力以及两国或多国间产业链形成的可能性。因此，边境地区应该充分挖掘自身资源优势并结合国家和区域的产业发展趋势与需求来发展相关产业，在促进边境贸易发展的同时有力地推动边境城镇化。

一　跨境基础设施发展中的边境地区产业发展合作内容

由于受到边界效应的影响，在边界不开放的情况下，绝大多数边境地区的产业发展滞后，即便是在自然屏蔽效应较弱的地区，其主导产业也仅限于边境贸易。随着跨境基础设施的修建和运行，边界屏蔽效应逐渐减弱，除了边境贸易、商贸物流和进出口加工业能够利用此机会进一步发展外，农副产品加工、进口资源加工、林木产品生产与加工等产业也将迎来发展机遇。然而，由于不同的边境地区在资源禀赋和工业发展基础方面存在较大差异，因此其产业发展路径与内容也必定有所不同，但为了充分利用跨境基础设施带来的机会，邻国间都需要开展以下三方面的合作来推动产业发展。

（一）发展跨境基础设施的关联产业

跨境基础设施的修建能够惠及所处区域的所有国家，在与国内基础设施有机结合的基础上将对整个区域的经济发展起到有力的助推作用。然而，跨境基础设施的建设往往需要巨大的资金投入，且投资回收期长，除却政治利益和社会效益外，其本身所能带来的经济收益是十分有限的。因此，为了提升跨境基础设施的经济效益并且充分利用其带来发展机会，邻国间应该就发展跨境基础设施的关联产业开展合作，这种合作应该在充分挖掘边境地区资源优势的基础上，结合边境城镇的发展水平与发展定位来做出产业发展计划。从当前的国际实践经验来看，基于边境贸易所开展的跨境物流运输是最先开始发展的产业，而之后伴随着边境地区城镇化的推进和边境贸易区的进一步发展，跨境旅游业、进口资源加工业、农副产品加工业也将成为边境地区主要发展的产业。

（二）开展区域产业对接，服务于产业集群构建

产业集群是区域经济一体化的主要载体，是全球发展最快的产业竞争与产业合作模式之一，而跨境基础设施的发展为产业集群的构建提供了关键性的支撑。为了充分利用这一条件，邻国间应加强不同产业梯度和发展水平地区的沟通与协调，通过搭建区域性商务合作平台，构建行业协会，建立不同国家不同产业区的对话与协商机制以增强区域内的产业关联性。与此同时，通过边境地区与国内产业对接，在为边境企业注入发展新动力的同时，也强化不同国家间的产业链对接，从而为构建区域性的全产业链提供支撑。虽然边境地区的城镇化将为边境地区的产业发展提供劳动力资源以及一些生活条件，但为了深化区域内的产业对接，还应基于边境地区产业发展战略目标和发展阶段，不断提高产业承载能力，为相关项目落地和企业入驻创造良好条件，同时积极发展相关服务业，构建服务于企业生产的保障性服务体系。

（三）投资吸引与完善投融资管理机制

由于边界屏蔽效应的存在，绝大多数边境地区本身并不具备足够的资金实力来进行企业投资以及发展配套基础设施，资金缺乏将是边境产业发展的主要瓶颈之一。因此，为了能够吸引更多

符合产业集群发展目标的企业进入边境地区,并且为相关服务和跨境基础设施的进一步发展筹集资金,邻国间应该为边境地区产业发展开展对外引资方面的合作,推出边境地区投资优惠、投资企业保护等政策和相关支持性服务,不仅吸引区域内外的企业到边境地区投资设厂,也通过公私伙伴关系开展跨境基础设施和边境城镇基础设施项目的融资,同时还努力争取区域性或国际性金融机构的支持,为改善投资环境和提高本地企业竞争力提供资金和技术支持。此外,为了让进驻的外资企业和本地企业能够持续有序地开展生产并且与各国产业对接,政府间还应积极完善投融资管理机制,就多币种结算等跨境金融服务的发展提供相应的政策支撑和引导。

二 中俄跨境交通基础设施发展中的满洲里边境旅游产业升级

满洲里市位于中国东北部内蒙古自治区呼伦贝尔市西部,北与俄罗斯接壤,西与蒙古国相邻,是欧亚大陆桥的重要战略节点。① 早在1903年中东铁路建成之时,满洲里就已成为中俄贸易的重要边境城市。② 时过境迁,满洲里早已摆脱沙皇俄国的阴影,成为中国对俄开放的门户,境内的满洲里口岸成为中国最大的陆路口岸。③ "一带一路"倡议提出后,随着中俄跨境公路和铁路等交通基础设施的完善和中俄贸易规模的不断扩大,拥有百年口岸历史的满洲里也迎来新的发展契机,而边境旅游产业便是其中的重要组成部分。

满洲里拥有融草原文明、红色传统、异域风情为一体的口岸文化,是一座城景一体、中西合璧、特色鲜明的边境城市。为了

---

① 中华人民共和国中央人民政府:《文化和旅游部有关负责人就国务院同意设立内蒙古满洲里、广西防城港边境旅游试验区答记者问》,2018年4月13日,http://www.gov.cn/xinwen/2018-04/13/content_5282192.htm。
② 百度百科,中东铁路,https://baike.baidu.com/item/中东铁路/7978200?fromtitle=东清铁路&fromid=1148380。
③ 满洲里市人民政府. 满洲里市情,http://www.manzhouli.gov.cn/mzl/mlbc/mzlsq/index.html。

充分发掘满洲里的旅游资源、促进该地区由旅游通道向旅游目的地转变、令旅游业成为当地兴边富民的支柱产业，国务院于2018年4月同意设立满洲里边境旅游试验区①，并且开启了全域旅游的发展大幕。根据规划，满洲里边境旅游试验区有三个功能区：以跨境旅游和特色购物为重点的中俄异域风情旅游区、以历史文化遗迹和民族表演为重点的口岸历史文化旅游区以及以自然生态和民俗文化为重点的草原生态旅游区。②

为了将旅游产业发展落到实处，满洲里市委托专业机构量身打造全域旅游"1+5"体系。其中，"1"是全域旅游发展规划，"5"是全域旅游3年行动计划、全域旅游公共服务体系规划、全域旅游示范区创建指南和标准、旅游基础服务设施建设项目库和全域旅游整合营销策划。套娃广场、世界木屋博览园、蒙根花布拉格夏宫、查干湖旅游区等重点旅游项目建设已初见成效。在旅游发展委员会的统筹下，成立了满洲里市旅游警察大队、工商旅游分局、旅游巡回法庭、旅游卫生应急办、旅游综合执法局5支队伍，为旅游业快速发展提供了强有力的机制保障。跨境旅游合作方面，在两国旅游主管部门的支持下，满洲里市与多个俄罗斯城市政府和铁路运行部门合作开通了"欧亚之星"、万里茶道"满洲里—西伯利亚号"中俄跨境旅游专列，先后开辟6条满洲里至俄蒙城市的国际航线。据预测，到2020年底，满洲里市的旅游人数将达到年均增长15%以上，旅游收入年均增长达20%以上，旅游业对GDP的贡献率达到23%。③

---

① 中华人民共和国中央人民政府：《文化和旅游部有关负责人就国务院同意设立内蒙古满洲里、广西防城港边境旅游试验区答记者问》，2018年4月13日，http://www.gov.cn/xinwen/2018-04/13/content_5282192.htm。

② 中华人民共和国中央人民政府：《文化和旅游等10部门关于印发内蒙古满洲里、广西防城港边境旅游试验区建设实施方案的通知》，2018年4月16日，http://www.gov.cn/zhengce/zhengceku/2018-12/31/content_5433322.htm。

③ 《满洲里：从边境小城到全域旅游目的地》，2017年8月5日，华夏经纬网（http://www.huaxia.com/ly/lyzx/2017/08/5445524.html）。

三 跨境基础设施发展中的边境地区产业发展合作要点

从上述对我国内蒙古满洲里边境旅游产业发展的分析来看,边境产业的发展一方面与本地资源和产业基础有关,另一方面则受制于跨境基础设施的发展水平。因此,为了能够让边境产业的发展既与边境资源和生产条件相匹配,又与区域内国家和整个区域的产业发展相对接,笔者认为基于跨境基础设施的边境地区产业发展有以下三个合作要点。

(一) 边境地区产业发展进程与跨境基础设施水平相匹配

对于大多数边境地区来说,虽然跨境基础设施的发展带来了产业发展的机遇,但由于本地产业发展基础薄弱,很难在短时间内实现产业的大规模发展,因此邻国政府间应当基于对当地自然资源、社会资源和管理能力的实际情况,一方面发展一些能够充分利用跨境基础设施的产业,在快速实现经济效益的同时为后续的产业发展奠定基础;另一方面则随着企业入驻数量的增加、生产规模的扩大以及各国间产业链的逐渐形成,逐步增加对跨境基础设施的需求。为了不让基础设施供给不足成为产业发展的障碍,就要不断升级跨境基础设施以提高其对于区域产业发展的承载能力,而政府不仅要对这种动态平衡进行持续跟踪和分析,同时也需要在政策调整和投资吸引方面做出努力。

(二) 注重生态环境保护

很多边境地区虽然经济发展相对滞后,但拥有丰富的动植物资源,生态环境良好,而这种优势也是很多产业发展的基础,因此生态环境保护是产业可持续发展的前提。特别是对于一些生态环境脆弱的边境地区来说,若工业园区建设或工厂生产造成环境污染、生态环境破坏,往往会引发边境争端,甚至招致国际社会谴责。因此,邻国政府间必须在发展相关产业的过程中开展节能减排、跨境生物多样性保护等行动,并且适时与国际性环境保护组织开展合作,特别是对于那些与跨境基础设施相关性较高的产业,必须在利用设施的过程中注意污染物减排、自然环境保护问题，避免产生污染物跨境流动等问题，否则不仅导致跨境基础设施运行受到影响，也令相关产业发展受到阻碍。

（三）强化相关立法

边境地区的产业发展不仅对地区的经济和社会发展、邻国间的产业链形成有重要作用，与区域内的产业布局和分工也有密切关联，而健全的法律法规体系是维护边境地区企业合法权益和确保产业持续稳定发展的根本保障。然而，从当前的国际实践经验来看，由于国际上缺乏具体针对边境产业合作与管理的专门性立法，因此除欧盟外，绝大多数的边境地区产业发展相关法律法规都是邻国间基于签订的合作框架协议来制定的，但这种国际协议大多具有宣言或声明性质，更多停留在宏观层面，较少涉及一些关于产业园区建设、企业入驻与经营、企业权益保护等方面的具体问题[①]，对于一些邻国间的企业经营争端解决、贸易纠纷处理的支持性较弱。为了能够让边境地区的企业能够有序经营，并且有利于区域性产业集群的形成，各国政府间应该结合跨境基础设施发展态势以及产业发展规划，开展针对边境产业发展的协同立法，其内容不仅包括企业经营规范与权益保护，也应包括相关产业和企业对跨境基础设施的利用规则。

本章小结

作为国家领土和主权利益的体现，国家边界用以限制边界两侧国家在地表乃至垂直空间的扩张、政权和法律的延伸，因此从产生之时起就形成了国家间的屏障，造成了屏蔽效应。然而，跨境基础设施在国家间的合作之下基于物理设施跨越了两国或多国边界，对消减边界屏蔽效应起到了重要作用，而边境贸易区建设、边境地区产业发展和边境地区城镇化则是进一步增强边界开放效

---

① 李大伟：《我国和中亚五国经贸合作现状、问题及对策》，《宏观经济管理》2014年第1期。

应和边境地区发展的必备条件。

由于跨境基础设施的修建有力地打破了部分边界屏蔽效应，边境贸易迎来了新的发展契机。为了充分利用这种机会，邻国间应该就边境贸易区边界划定与功能划分、贸易区出入规则制定、贸易区市场监管三个方面开展合作，并且在合作中注意贸易区贸易规模与跨境基础设施承载能力相匹配、边境贸易区管理协作和营造公平交易环境等问题。

跨境基础设施发展所导致的跨境流动人口增加为边境地区城镇化带来了动力和压力，而城镇化的推进则成为边境贸易和相关产业发展重要影响因素。为了充分利用跨境基础设施发展带来的机会，邻国政府间应该就边境地区城镇化重点开展维护边界安全与边境地区社会稳定、跨境流动人员和边民的公共服务、边境非农产业的就业引导三方面的合作，并且注重城镇化进程与跨境基础设施发展水平相匹配、公共服务的公平性以及营造稳定和谐的城镇化环境。

跨境基础设施的修建将为边境地区产业发展带来契机，而这种契机不仅来自跨境运输成本的降低和运输条件的改善，也来自跨境流动人口增加带来的劳动力以及两国或多国间产业链形成的可能性。因此，为了科学而有序地推进产业发展，邻国政府间应该就发展跨境基础设施关联产业、区域产业对接和投资吸引等方面开展合作，并且在合作中充分重视边境地区产业发展进程与跨境基础设施水平的匹配性、边境地区的生态环境保护和强化相关立法。

第 五 章

跨境基础设施与区域环境保护合作

基础设施是一把"双刃剑",一方面它为经济增长和生活质量提高起到积极作用,另一方面则可能对自然环境产生负面影响,这种负面影响不仅是土壤污染、生物多样性破坏、水资源浪费这样物理性的,也可能由于污染物排放引起公众健康损害等社会性的,而这些实质上是对基础设施整体效益的消减。对于跨境基础设施来说,这两方面的影响不仅依旧存在并且其影响范围将扩大至两国甚至是多国。由于国家间在环境管理制度和环境保护标准方面存在差异,各国的环境政策有效性与管理能力也存在差距,要求某一国单独承担所有环境保护责任或者采用某一国标准来开展环境管理的做法既不可行也不合理,因此只能通过合作的方式来减少负面影响实现跨境基础设施项目的环境可持续性。为此,本章将基于可持续基础设施中环境可持续的相关理论①,从自然资源利用、污染物控制与减少、自然环境保护三个方面对跨境基础设施合作中如何实现环境保护进行探讨。

第一节 跨境基础设施与区域环境可持续发展

基础设施项目建设对自然环境有巨大影响已是不争的事实,

---

① 本章所基于的主要是可持续基础设施中环境可持续的相关理论。(资料来源:IDB. What is Sustainable Infrastructure? — A Framework to Guide Sustainability Across the Project Cycle. March 2018。)

特别是面对全球气候变暖、环境污染、物种灭绝等环境问题的加剧，基础设施被扣上了"环境破坏者"的帽子。另一方面，全球人口的持续增加和各国经济的发展又对基础设施不断提出新的需求，基础设施似乎就此陷入两难境地。然而，随着科技的发展，基础设施与环境保护的关系发生了逆转，环境可持续发展的基础设施已成现实，并且在跨境基础设施中也已付诸实践。

一 跨境基础设施发展与区域环境的关系

由于基础设施的建设和运营甚至是报废都会和自然环境产生物质和能量交换，因此对自然环境的影响在所难免，而这种影响主要包括对自然资源的开发和利用、污染物排放和自然环境保护三个方面。对于跨境基础设施来说，由于物理设施或影响范围超越了单一国家，因此这些环境影响呈现出一些特殊性，具体内容如下。

(一) 跨境基础设施发展与区域自然资源开发和利用

自然资源是基础设施建设和运营的物理基础，它为基础设施物理设施的运转提供所需的水资源、土地资源、能源资源、矿产资源等。例如，水电站的修建不仅会占用一些土地资源，并且需要持续地利用水资源来进行发电，从而实现项目的经济和社会效益。对于跨境基础设施来说，由于自然资源开发的地理范围与其受益范围并不一定完全一致，因此，如何处理自然资源开发与利用中的影响就成了一个问题。例如，在某一国的境内修建的水电站项目可能为整个流域的多个国家提供电能，这种情况不仅影响了项目的跨境成本分配，同时也对项目选址、跨境输电网布局等关于合理开发和利用水资源的事项提出了合作的要求，通过合作旨在从区域层面上提高项目的自然资源有效利用效率，以避免区域自然资源的低效利用甚至破坏，以及国家之间就自然资源开发所引起的争端。

(二) 跨境基础设施发展与区域污染物排放

基础设施的建设和运营通常会给当地环境带来风险，其中就包括环境污染的风险，如果这种风险不能被充分消减或缓解，那么势必造成环境破坏，例如空气污染、水污染、土地污染等。对于跨境基础设施来说，由于污染物存在跨国扩散或流动的可能性，将会导致问题更加复杂。例如，跨境公路的运营会令汽车尾气对空气的污染呈现出跨国趋势，那么对于这种污染物的控制和减少显然不是一个国家可以解决的，必须各国通力合作才能得以处理。另外，对于污染物本身扩散性较弱的项目来说，让项目物理设施所处国家来独自承受的做法显然与跨境基础设施作为区域公共产品所追求的区域利益目标不符，因此也应通过合作建立补偿机制来解决这类污染物排放问题，从而令污染物排放对区域的负面影响下降。

（三）跨境基础设施发展与区域自然环境保护

基础设施的建设将不同程度地侵占土地，势必会对自然环境造成负面影响，例如公路的建设会造成土壤侵蚀、森林砍伐等直接破坏以及生物多样性破坏、物种入侵等间接破坏。对于跨境基础设施来说，沿线多个国家的自然环境具有相似性和联通性，特别是在边境地区，生态环境并不会因为政治国界而改变，因此任何形式的环境破坏都可能造成整个区域的环境恶化。然而，由于领土主权上的分割，任何一个国家来独立承担环境保护工作都是不现实和不可行的，因此跨境基础设施建设和运行中的自然环境保护必须由各成员国家来合作完成，并且这种合作必须是基于区域环境可持续发展来考虑的。

二 跨境基础设施发展中的环境保护合作内容

基于上文对跨境基础设施与环境的关系分析可以看出，为了减少环境代价而增加整体效益，跨境基础设施的建设和运营必须处理其在自然资源利用、污染物排放和自然环境保护方面的负面影响，充分发展环境可持续性，不仅高效利用能源、水和原材料等自然资源，减少所有类型的污染，也将对生物多样性等方面的环境破坏可能性降到最低。① 然而，由于跨境基础设施作为区域公共产品，其合作不仅涉及各国政府和监管机构，同时也涉及区域性机构和其他社会主体，因此环境保护作为跨境基础设施的一项合作内容，不仅是项目层次和国家内部的合作，也是区域中各国之间的合作，其合作内容如下。

（一）项目层次的合作内容

作为跨境基础设施合作的实现方式，跨境基础设施项目中的环境保护合作无疑是最基本、最易操作和利益体现最直接的。第一，在项目设计阶段，根据既有的区域跨境基础设施发展目标和具体的项目条件，选择采用适当的减排技术和环保方案，例如在跨境燃煤电厂的设计中选择采用洗涤器来控制末端污染，跨境公路的路线设计中绕过生态脆弱点来实现对自然环境的保护。第二，在项目建设和运营过程中，结合项目设计方案和周边环境特点，采用环保技术来进行施工，尽量减少施工对自然环境的破坏和污染物的排放，并就运营期间的设施使用和维护标准做出环保要求，例如跨境公路的施工中尽量采用当地原材料进行建设以减少外购带来的物种入侵风险，并且对跨境运输的车辆进行排量和燃料的规定。然而，由于很多环保设施和技术并没有成本优势，因此这需要国家政府和监管部门对其建立激励机制和约束政策。

（二）国家部门之间的合作内容

虽然项目一级的合作是实现跨境基础设施环境保护目标最直接的方式，但这一合作的方式有赖于国家部门之间的合作，而这种合作通常包括国家内各相关部门的合作，也包括跨国的部门合作，合作内容主要是包括项目环境评估标准调整与决策、激励机制的建立和政策的调整。首先，项目环境评估的标准必须根据跨境基础设施对区域环境的影响来做出相应的调整，这样才能从区域级环境保护的角度来开展决策，例如在评估跨境公路项目选线和空间规划的工作中，相关部门应该联合制定和推出有关区域森

---

① Amar Bhattacharya, Cristina Contreras Casado, Minji Jeong et al., "Attributes and Framework for Sustainable Infrastructure", *IDB Group*, May 2019, p. 39.

林保护的评估指标，以促使公路选线能够减少森林的砍伐而优先在人口更为稠密或森林已经退化的地区来修建公路。然而，由于这种做法可能导致项目的成本增加，不仅需要在项目评估中充分权衡经济代价和环境效益，也应该合作建立激励机制来促进环保技术和环保建设方案的采用。由于部门政策会深刻地影响基础设施的需求、供给和利用，要想实现跨境基础设施的环境保护目标，就必须由各国相关部门合作推出与之相匹配的政策来支撑项目的建设运营，例如通过提高清洁能源交通工具的价格补贴来促进二氧化碳和其他空气污染物的减排。

（三）区域层面的合作内容

限于国家经济发展水平和发展模式的差异，成员国之间可能不仅面对环境政策协调的障碍，同时也面对执行环境政策的困难，而这导致跨境基础设施的建设和运营中有的国家出于经济或其他因素的考虑而无法与邻国就环境保护达成一致意见令合作受阻，或是由于自身治理能力的不足使相关的环境政策无法执行和落实，这种问题显然不是部门之间合作所能解决的，而需要区域内国家政府之间的合作以及区域性机构的加入。首先，由于跨境基础设施项目的推出是以合作目标为基础的，因此在确定合作目标之前应该对区域性的环境保护需求有清楚的认识，并且开展跨境基础设施环境影响的区域分析和拟定环境保护合作协议，而这必须要通过各国政府之间来协调推动。其次，区域性机构对于解决跨境基础设施环保目标实现中经济实力不足的问题十分重要，这不仅是因为世界银行、亚洲开发银行、欧洲投资银行等区域性机构乐于支持更环保的基础设施，更在于它们能够有效协调各国达成环保协议并为环保合作提供诸如碳减排金融这样的融资渠道。

综上所述，从当前的技术水平和区域一体化发展要求来看，跨境基础设施对区域环境负面影响的减轻是可行和必要的，但由于合作主体能力及利益诉求的差异让环境保护合作的实现困难重重。为此，下文将分别从自然资源利用、污染物减排和自然环境保护三个方面结合实际案例来对合作机制与要点进行分析。

第二节 跨境基础设施与自然资源有效利用

于 1972 年联合国人类环境大会发布的《斯德哥尔摩宣言》中强调了自然资源枯竭对人类带来的威胁和发生的紧迫性，其中指出"人类必须以防止自然资源在未来枯竭为目的来利用地球上的不可再生资源"[①]。由于基础设施的建设和运营通常需要耗费大量的自然资源，因此人们应竭尽所能通过减少不可再生资源的利用和提高可再生资源的利用来实现各类基础设施在资源利用方面的可持续性。

一 跨境基础设施发展中的自然资源开发与利用合作

作为旨在造福设施辐射区域的基础设施，跨境基础设施对自然资源的开发与利用不仅事关向各国提供基础设施服务，也与区域环境保护息息相关。基于上述对环境保护合作内容的阐述，结合欧盟和东南亚地区的发展经验和"可持续基础设施"中关于环境可持续的内容，笔者认为跨境基础设施中的自然资源开发与利用是以减少不可再生资源利用和开发、提高资源利用效率和循环使用为基本合作原则，合作的基本内容包括：水资源利用、原材料循环和重复利用、能源节约与可再生资源利用、废物利用与循环、危险原材料使用。区域性机构、各国政府和部门以及项目管理者则将通过相互合作和向合作提供不同的支撑和条件来优化跨境基础设施中的自然资源利用和开发，最终向整个区域产出环境效益和经济效益，合作的基本运行机制如图 5–1 所示。

---

① United Nations. Declaration of the United Nations conference on the human environment. 1972. URL＝http：//www.un-documents.net/unchedec.htm.

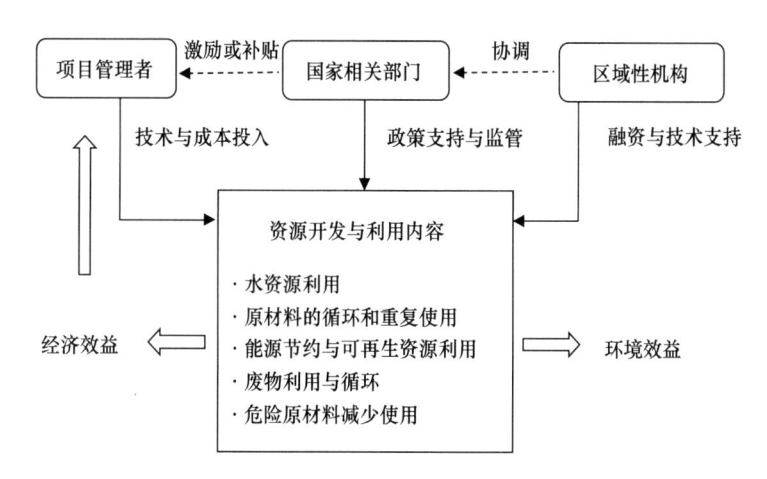

图 5-1　跨境基础设施合作中的自然资源开发与利用机制示意图

如图 5-1 所示，为了尽量减少自然资源的使用，特别是对不可再生资源的开发和利用，首先应该针对具体跨境基础设施项目来优化自然资源利用系统，而这要求项目管理者必须进行相应的技术和先期成本投入。然而，如果有的项目管理者认为这种成本投入带来的成本节约等经济效益并不可期，或者说并不能弥补其额外的成本投入，那么就可能放弃技术优化。因此，国家政府和相关部门对其进行激励或补贴就显得十分重要，当然，像欧盟这样对自然资源利用有相应法律约束的情况下，国家政府和部门要做的更多是监管和政策支持。对于没有欧盟委员会这样"超国家权威"治理者的区域，要实现国家间的合作，就离不开区域性机构的协调，因为跨境基础设施中自然资源开发和利用的合作不仅是基础设施技术的选择问题，更是各国对资源利用和开发政治意愿的表达和管理能力的体现。因此，在没有国家愿意单独承担项目投资的情况下，往往需要区域性机构提供融资支持甚至是直接的贷款，在具体的项目执行中也需要区域性机构对能力较弱的国家提供技术支持，合作产生的经济效益将通过具体项目依次传递到各合作主体，而环境效益则将令整个区域受益。

二 北欧海上风电厂项目中的海上风能开发合作①

北欧海上风电厂项目是在欧盟《可再生能源利用合作机制指南》(*Guidance on the Use of Renewable Energy Cooperation Mechanism*)等欧盟法规和政策框架下由荷兰、比利时、英国和卢森堡四国合作开展的可再生资源利用和开发项目,同时也是北海电网项目(NorthSea Grid Project)的一个重要组成部分。项目的建设内容包括一个位于荷兰博赛乐(Borssele)地区的1000兆瓦时海上风力发电厂,位于比利时的两个海上电源枢纽,以及电厂分别至比利时(900兆瓦,长度约30千米)、荷兰本土(1500兆瓦,长度约为50千米)和英国(1000兆瓦,长度约为110千米)的互连电网。

比利时、荷兰和英国共同承担这一联合项目的投资、建设和运营工作,并分享生产可再生能源的利益。比利时政府是主要的项目推动者,它将与项目开发商一起推动风电厂的建设以及协调其他成员国参与该项目,并且在无法与荷兰和英国达成任何承购协议的情况下,完全承担风电厂的建设成本。该项目所产生的电能预计40%属于比利时,30%属于荷兰,30%属于英国,卢森堡则通过与比利时进行统计转移(Statistical transfers)②获得10%的电能。比利时、荷兰和英国签署了一项联合项目协议以确定两国之间合作的最小限度,该协议令比利时有权力进行风电厂的建设以及授予与海上电源枢纽连接的电网接入权。为了规范比利时和荷兰之间对项目许可的颁发,项目成立了一个由双方有关部门代

---

① 本案例根据 *Cooperation Under the RES Directive — Case Study on a Joint Project: An offshore Wind Park in the North Sea* (*Cooperation between the Netherlands Belgium, UK, and Luxembourg*) 中的相关资料和数据整理而来。[资料来源:European Commission, DG ENER, Cooperation under the RES Directive — Case Study on a joint project: An offshore wind park in the North Sea (cooperation between the Netherlands Belgium, UK, and Luxembourg, 2014。)]

② 注:统计转移(Statistical Transfers)是指成员国同意在其遵守目标的情况下,在统计核算中将一个成员国生产的可再生能源归于另一个成员国。[资料来源:European Commission, "Guidance on the use of renewable energy cooperation mechanism", SWD (2013) 440 final, Brussels, 5 Nov 2013, p. 5。]

表组成的临时机构来就许可条件和许可过程进行商议。

由于在该项目中荷兰必须为项目提供风电厂的场地,因此比利时、荷兰和英国通过协议来对荷兰进行补偿。在第一阶段补偿中,比利时针对风电厂的建设将向荷兰支付补偿金,这些补偿金主要是包括采砂和运输区域替代利用成本、生物多样性和景观成本和风电厂开发用地的期权价值损失。在第二阶段补偿中,通过与风电厂运营商签订协议,英国、比利时和荷兰都将通过购电向风电厂提供资金支持,而比利时则将通过统计转移向荷兰提供补偿,于是所有参与的国家都将从该跨境基础设施中受益,其具体经济收益、责任与风险如表5-1所示。

表 5-1　　北欧海上风电厂项目参与国家经济收益、责任与风险比较分析表

成员国家	收益	责任	风险
比利时	在荷兰境内获得额外的海上风电	·向项目运营商提供资金支持 ·测算发电量 ·项目许可与市场准入 ·在技术可行的情况下,项目电网接入时切断所有电力 ·如果不遵守合作协议,将失去协议规定的所有权利,发电厂归荷兰所有	可能最终承担整个风电厂的投资
荷兰	·连接成本节约(由于风电场与离岸电源枢纽连接) ·获得成本相对较低的300MW海上风电	·按比例向比利时和英国转让可再生能源权益 ·接收并传达欧盟委员会的通知 ·项目许可与市场准入 ·如果不符合规定,则可以进行经济补偿或其他可再生能源效益的统计转移	·失去整体开发风电厂的机会 ·与离岸电源枢纽的互联能力降低,拥挤租金收入减少
英国	·获得成本较低的300MW海上风电	为项目提供市场准入	·与离岸电源枢纽的互联能力降低,拥挤租金收入减少

续表

成员国家	收益	责任	风险
卢森堡	·从海上风电厂开发中获得100MW的可再生能源	—	·可再生能源收益的数量不确定

资料来源：笔者根据案例资料整理。

三 跨境基础设施发展中自然资源开发和利用的合作要点

从上述对北欧海上风电厂项目的分析来看，相比于国内基础设施，跨境基础设施中的自然资源开发和利用不仅需要合作各国之间就开发目标达成一致并提供相应的政策支持，还必须合理分配环境保护收益与经济收益。为了实现这一点，本书认为其合作要点主要有以下三个方面。

（一）区域性环境政策支撑

虽然伴随着全球自然环境的不断恶化，世界各国都对环境保护提出了自己的政治目标和策略，但受制于经济发展模式和社会文化，各国政府在处理自然资源开发和利用问题上依旧存在着巨大差异，而这给以政府合作为基础的跨境基础设施开发带来了障碍，如何形成一致的开发目标并为具体项目的开发提供政策支持就成了促成合作所必须面对的问题。从北欧海上风电厂项目来看，在欧盟《促进可再生能源利用指令（Directive 2009/28/EC）》(*The Promotion of the Use of Energy From Renewable Sources*) 颁布之后，欧盟各成员国都将区域的可再生能源利用目标与国家的能源基础设施发展计划进行了融合，并且对可再生资源开发达成了共识，树立的相关政治目标也趋于一致，这无疑对各国合作建设海上风电厂项目奠定了一定的政治基础，并且也能够以相关指令为依据建立合作机制。

（二）利益分配与补偿

跨境基础设施在利用和开发自然资源的过程中势必出现不同国家对项目利益的分配问题，对于有的国家来说这种利益实质上是对其领土内自然资源投入的补偿，若这种补偿不合理或不被接受，那么合作将无法开展，而这种补偿金额的确定一方面取决于对资源价值的衡量，另一方面取决于资源的性质。例如，从北欧海上风电厂项目来看，在欧盟相关政策的指导下，合作三国间对海上风电这一可再生资源能够带来的经济和环保价值有了较为一致的看法，并且用发电量对荷兰进行了风电厂占地的补偿。与此类似地，在昆明—曼谷国际高速修建的过程中，虽然老挝由于经济实力的原因并没有进行自有资金投入，但由于公路本身占用土地这一不可再生资源，因此老挝以多种形式获得了补偿。

（三）市场准入

对于发电项目来说，至少需要获得一个国家的电力市场准入才能出售电能，而这也是实现发电项目经济效益的关键要素之一。然而，对于北欧海上风电厂项目这样的跨境基础设施来说，其产出物实质上是进入了一个基础设施服务的互联网络而非单一的国家市场，因此如何获得各国的市场准入和获得什么样的市场准入就成为必须面对的问题，而这一问题的解决一方面取决于能源价格的差异，另一方面取决于各国的能源政策。比如，由于比利时离岸电能枢纽的建立能够降低传输成本，因此荷兰给予了该项目电能的市场准入，而比利时则将通过获得额外的风能资源来实现其可再生能源的政策目标。

第三节 跨境基础设施发展中的污染物减排合作

随着全球污染问题不断加剧，世界各国对"先污染后治理"的发展思路逐渐形成了一致的反对意见，并且正在不断探寻兼顾经济发展和污染消减的创新发展道路，而基础设施这一昔日人们眼中的"污染巨兽"也正在朝着绿色化转变，这其中也包括跨境基础设施。

一 跨境基础设施发展中的污染物减排合作机制

对于基础设施污染物减排来说，实施的障碍之一在于人们普遍认为为了达到环保排放标准，项目必须承担额外的经济成本或放弃一些经济利益，而这一问题对于跨境基础设施来说将由于污染物的跨境流动似乎变得更为复杂。但是从欧盟、世界银行和亚洲开发银行所主导的一些项目来看，通过项目层、国家层和区域层的合作，跨境基础设施的污染物减排不仅可能产生直接的经济利益，而且可能弥补额外的经济投入而让整体效益增加，其合作机制如图 5 – 2 所示。

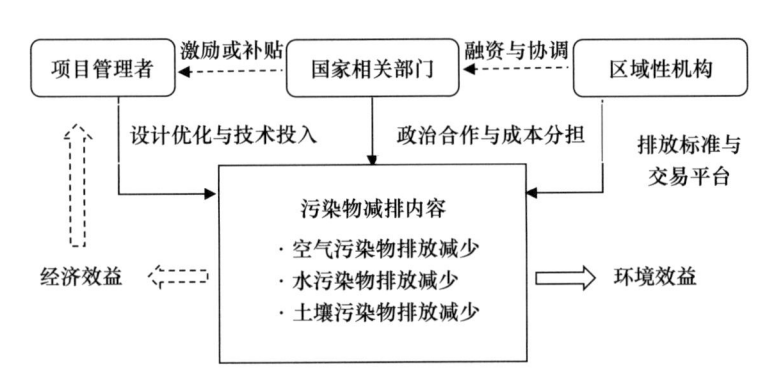

图 5 – 2　跨境基础设施合作中的污染物减排机制示意图

如图 5 – 2 所示，跨境基础设施合作中的污染物减排内容主要包括空气污染物、水污染物和土壤污染物排放的减少。作为合作的基本形式，在跨境基础设施项目中，需要项目管理者通过项目设计优化和购买技术来实现设施物理系统的污染物减排，而这可能导致项目成本的增加。对于项目管理者而言，获取环境效益并不是建设项目的初衷，特别是私人投资者，所以为了能鼓励项目管理者进行这种投入，就需要国家政府和相关部门建立激励机制来促成这种优化设计变为现实。对于已经形成具有法律约束力的区域减排标准，国家政府和各部门的工作是对项目中的污染物减排开展政治合作和部分控污成本分担,因为污染物的跨境流动所引起的责任分担可能导致政治冲突而导致合作终止。为了避免国家间商讨耗费太长时间或无法取得结果,区域性机构不仅需要扮演协调者的角色,也应该对各国给予融资支持,在减轻经济实力较弱国家成本分担压力的同时发展其治理能力,并促进各国合作的持续。此外,目前全球的很多区域性机构建立了排放物交易平台,为了能够让项目的减排成果最大限度地转变为直接经济效益,区域性机构应该担负起提供排放标准和排放平台的责任。通过这样的合作,不仅项目的环境效益得以实现,同时也可以让很多不具备开展清洁生产经济实力和条件的不发达国家实现减排目标。

二 不丹达嘎楚(Dagachhu)水电站项目中的减排合作[①]

由亚洲开发银行支持的不丹达嘎楚(Dagachhu)水电站项目是《联合国气候变化框架公约》(*United Nations Framework Convention on Climate Change*)清洁发展机制下开发的第一个跨境水电项目。[②] 该项目将不丹的可再生能源电力出口至印度,减少印度以石化燃料为主的发电量,预计每年将减少50万吨二氧化碳的排放,被誉为将温室气体减排和区域能源贸易相结合的典范项目。

达嘎楚水电站项目是一个装机容量为126兆瓦、总成本约为2.75亿美元(2.42亿美元用于水电站的开发和电力贸易,余下的3300万美元用于支持水电站周边社区的农村电气化)的径流式水电站,位于不丹达嘎纳宗嘎(Dagana Dzongkhag)地区的达嘎丘河(Dagachhu River)上,该项目所产生的电力输送到由不丹和印度

[①] 本案例根据 *Green Power for Bhutan — Clean Energy Crosses Borders to Reach Poor Households* 和 *Dagachhu Hydropower Project — Cross-Border Clean Development Mechanism Initiative* 整理而来。[资料来源:(1) Asian Development Bank. Green Power for Bhutan — Clean Energy Crosses Borders to Reach Poor Households, 2014. (2) Asian Development Bank. Dagachhu Hydropower Project — Cross-Border Clean Development Mechanism Initiative. CDM Project Brief, 2014。]

[②] 更多项目信息可查阅:https://cdm.unfccc.int/Projects/DB/DNV-CUK1247228633.76/view.

东部电网组成的区域电网（该电网目前已经与印度北部、西部和东北部区域电网联网）。作为不丹在基础设施方面的第一个公私合作项目，项目参与者包括不丹能源部、不丹经济事务部、不丹皇家政府和达嘎楚水电有限公司（Dagachhu Hydro Power Corporation Limited）、印度塔塔能源贸易有限公司（Tata Power Trading Company Ltd.），亚洲开发银行除了作为瑞典能源局在未来碳基金（Future Carbon Fund）中的受托人外还为项目提供技术支持和培训。

作为南亚唯一的能源出口国，不丹目前1500兆瓦左右的装机容量远远超过了国内300兆瓦的峰值需求，每年大约70%的电力出口到印度，因此两国间的能源贸易早有基础，不丹政府以税收、电力公司股息和特许权使用费的形式获得的收入来推动社会经济发展。但由于偏远地区的电网修建成本很高，因此像达嘎纳宗嘎这样最边远地区的民众仍然采取燃烧木材和煤油的方式来取暖和烧饭。项目建成后不仅增加了两国能源贸易中的绿色能源占比，也减少了相应地区的空气污染物排放。对于印度来说，该项目通过取代石化燃料发电实现了电网覆盖地区二氧化碳和空气污染物排放的减少，有助于实现国家可持续发展目标。

作为一项成功的实践，达嘎楚水电站项目中将跨境能源贸易与跨境碳减排相结合的做法得到了亚洲开发银行等区域性机构和国家政府的肯定，并且该模式正在尼泊尔、老挝等国家进行推广，以进一步推动区域污染物减排目标的实现。

三 跨境基础设施发展中的污染物减排合作要点

人们之前对于基础设施建设和运营中的污染物减排问题往往持有会增加成本或减少经济利益的偏见，但随着全球污染问题加剧，很多国家意识到污染物减排措施所"牺牲"的经济利益其实会换来更大的经济和社会效益。因此，对于跨境基础设施来说，污染物减排不仅需要成员国分担相应的成本，更需要从区域层面上对污染物减排效益达成共识。

(一) 各国对污染物减排的政治合作

虽然近 40 年来各国不断加强在污染物减排方面的合作，很多国家也主动或迫于国际压力做出了污染物减排的政治承诺，但一些不发达国家由于治理能力和经济实力的不足令履行承诺变得困难，而跨境基础设施合作却可能成为一个解决办法，但其前提是各成员国对污染物减排政治合作的达成。从不丹达嘎楚水电站项目来看，不丹和印度大规模和长时间的能源贸易显然为两国的合作奠定了经济基础，另外由于不丹政府坚持以环境和人民至上，印度政府则由于依赖石化燃料发电而饱受污染之苦和国际社会的谴责，因此两国都希望通过开发清洁能源来保障区域能源安全的同时减轻环境污染。在亚洲开发银行的支持下，不丹和印度两国通过合作不仅获得了清洁能源，同时还发展了污染物减排的合作能力。

(二) 污染物减排成本的分担

相对于国内基础设施来说，跨境基础设施由于其受益对象为参与合作的各成员国，加之污染物本身会基于物理设施发生跨境转移或流动，因此如何来分担污染物减排的成本成为一个关键问题。在达嘎楚水电站项目中，虽然印度和不丹两国都认识到了项目对跨境电网覆盖范围内的二氧化碳减排效益，但两国政府却没有能力来为项目提供建设资金，而亚洲开发银行在评估了项目对两国二氧化碳减排的作用以及跨境能源贸易可以带来的经济收益后，通过未来碳基金对项目进行了融资，并且基于印度和不丹的跨境能源贸易回收了投资，而这也实现了减排成本的分担。

(三) 污染物减排经济效益的实现

与自然资源开发和利用不同，污染物减排所带来的经济效益往往需要较长时间并且常以间接的方式来展现，而这一方面可能影响到国家政府的参与积极性，另一方面也将减少公众对合作的支持，因此应尽可能寻找一种能够让减排污染物"变现"的方法。达嘎楚水电站项目中，在亚洲开发银行的技术援助下，不丹政府选择将该电站出售碳信用的收入用于周边农村地区的电气化和补偿失地农民，这一做法不仅令不丹政府从项目减排中获得了实际的经济利益，并通过让项目周边民众分享这种经济利益而消除了对于项目的不满情绪，令项目的建设和运行得到社会认可。

第四节　跨境基础设施发展中的自然环境保护合作

虽然基础设施对经济发展和人类活动起到了至关重要的作用，但包括公路、铁路、水电站等基础设施的建设被视为自然环境遭受破坏的主要驱动因素和催化剂之一。对于跨境基础设施来说，这种看法不仅依旧存在，甚至可能由于各国之间无法对谁来承担自然环境保护的责任而产生冲突，进而破坏合作导致跨境基础设施发展的终止。那么，在跨境基础设施合作中各方应该如何进行自然环境保护呢？本节就将结合案例对这一问题进行分析。

一　跨境基础设施发展中的自然环境保护合作机制

基础设施的建设和运营由于会造成不同程度地砍伐森林和改变自然空间结构，一直被视为自然环境的"破坏者"之一，并且在很长一段时间内也是公众反对基础设施建设的主要原因之一。然而，随着基础设施技术的不断创新，基础设施的建设者发现，人们对基础设施服务需求的不断增长和环境保护之间并不是一道单选题，而是有两者兼得的可能性。对于跨境基础设施来说，这种可能性的实现主要围绕生物多样性保护、生态联通性与生态服务保护、土壤管理、入侵物种防范和公共空间保护与扩展来展开。跨境基础设施合作中的自然环境保护机制如图5-3所示。

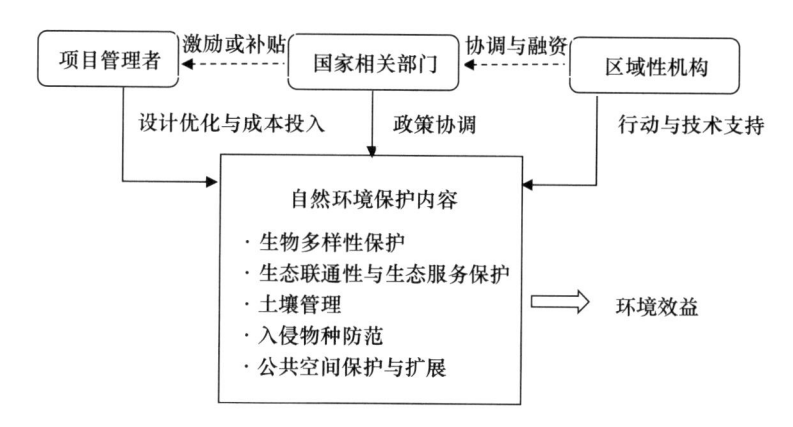

第五章　跨境基础设施与区域环境保护合作　123

图 5-3　跨境基础设施合作中的自然环境保护机制示意图

如图 5-3 所示，为了在跨境基础设施项目中实现对自然环境的保护，就必须将项目建设和运营中对原始生态环境的负面影响减到最小，而这一方面取决于项目设计的"绿色化"，另一方面取决于项目管理者对相应措施的执行，而这两方面可能会造成项目成本的增加，例如，为了避开某动物栖息地而"以桥代路"或改变公路线路。由于这种保护行为本身很难实现直接的经济效益，因此国家对这种行动的激励和补贴是十分必要的。此外，为了让项目整体的自然环境保护行动得以实行，国家政府和主管部门之间必须开展相应的政策协调，以避免由于政策差异所导致的冲突，特别是在生态系统跨境相连的边境地区。由于需要从整个区域的角度上来开展自然环境保护的行动，加之无法让相关国家获得直接经济收益，因此区域性机构的协调和融资支持十分必要，同时还应基于其强大的研究能力、外部信息获取能力和项目经验给予项目以管理和技术支持，以便令整体行动的效果达到最优。

二　中国—老挝铁路项目中的自然环境保护合作

公路和铁路被认为是无路地区生态环境破坏的主要驱动力，特别是在热带雨林地区，公路和铁路的修建成为生物多样性丧失的"开端"，其中不仅包括公路沿线森林砍伐导致动植物栖息地遭到破坏，也包括非法狩猎和野生动物交易等。① 为了最大限度减少这些问题产生的可能性，地处东南亚热带雨林和野生动物保护"热点"地区的中国—老挝跨境铁路项目（简称中老铁路）在实施过程中老两国政府和环保部门开展了积极合作，通过多种措施来保护环境。

　　中老铁路北起中国云南省玉溪市，经云南省普洱县、西双版纳州，通过中老边境口岸磨憨/磨丁进入老挝，经孟塞、琅勃拉邦、万荣等城市南至老挝首都万象，是"一带一路"倡议提出后首条以中方为主投资建设、全线采用中国技术标准，使用中国设备并与中国铁路网直接连通的国际铁路。② 由于铁路全线多数地区属于热带雨林气候，很多路段将穿越热带雨林，为了尽量减少对热带雨林生态系统的破坏，项目设计中强调"环保选线"和"绿色设计"，采用高架桥和隧道来跨越部分热带雨林地区和生态环境脆弱地区。例如，在全长414公里的中老铁路老挝段中，共70多个隧道，总长度近198公里，桥梁则多达170座，整个项目桥隧比超过62.8%③，而由此大大增加了施工的难度并增加了建设成本。④ 与此同时，为了尽量减少对自然景观的破坏，项目在建筑物的美观性上也充分考虑了与自然景观的融合，例如老挝境内的楠科内河特大桥就采用了与环境融为一体的设计，并且在建设中混凝土的使用都严格控制试验配比及浇注工艺，保证外观颜色的一致性。⑤ 此外，由于中老铁路要穿越云南西双版纳国家级自然保护区和老挝境内班莎诺和琅勃拉邦至卡西的热带雨林，因此在相关

---

① ADB. Green Infrastructure Design for Transport Projects: A Raod Map to Protecting Asia's Wildlife Biodiversity, December 2019, p. 1.
② 《好消息！中老铁路建设取得新进展》，2019年3月24日，环球网（https://m.huanqiu.com/article/9CaKrnKjger）。
③ 《中老铁路：建一座工程，造福一方百姓》，2019年6月20日，新浪网（http://k.sina.com.cn/article_3974550866_ece6d55200100ga9l.html）。
④ 注：公路和铁路建设中，桥梁和隧道占总里程的比例，桥隧比越大，说明工程难度就越高。
⑤ 《中老铁路——一条互联互通的复兴路》，2018年8月9日，人民画报（http://www.rmhb.com.cn/zt/ydyl/201808/t20180809_800137825.html）。

地区设计并建设了野生动物保护设施。例如，通过分析工程建设对亚洲象活动及其迁移廊道的影响，线路方案避开了亚洲象主要活动区域，并且通过地表出漏段不涉及亚洲象既有迁移通道、延长隧道、调整隧道斜井位置、以桥代路、设置隔离栏和声光屏障等保护措施来最小化铁路对亚洲象生存的影响。①

三 跨境基础设施发展中的自然环境保护合作要点

从上述对中老铁路项目的分析来看，跨境基础设施项目中的自然环境保护合作虽然离不开投资者对生态环境保护的重视，但其效果的实现更离不开从区域层面设计保护方案、对保护措施设计开展政策协调以及保护措施的有力执行和监督。

（一）区域自然环境保护方案的设计

由于跨境基础设施项目可能跨越具有不同生态特点的地区，因此要想实现对整个区域的保护，就必须对区域生态环境进行全面评估，分析项目的跨境生态影响，对不同地区提出具有良好适用性的保护方案，而不能厚此薄彼或搞一刀切。例如，在中老铁路项目中，虽然全线采用中国标准设计，但针对老挝和云南境内路段需穿越热带雨林地区的实际情况，设计者通过"绿色选线"等措施对不同路段的建设内容进行了专门设计，在最小化对热带雨林地区占地的同时，还针对其中生活的野生动物设置了保护措施，并且令路桥与自然景观融为一体。

（二）保护措施中的国家间政策协调

对于跨境基础设施项目来说，由于各国在自然环境保护政策之间存在差异，而这将直接影响到保护措施的落实，因此在设计的过程中必须就相关政策与各国政府开展充分讨论并进行必要的协调，以确保措施的实施有所保障，避免存在争议而引起冲突导致项目终止。例如，在中老铁路项目中，由于中老边境地区的自然环境具有相似性，存在诸多动物迁徙跨境通道和珍稀动物栖息

---

① 《中老国际通道玉磨铁路首个隧道群贯通，建亚洲象护栏》，2018年12月1日，新浪网（http://news.sina.com.cn/o/2018-12-01/doc-ihmutuec5263517.shtml）。

地,因此中方与老方就动物保护设施的建设进行了多次协商,以便设计出受双方认可的动物保护措施,并在项目建设和运行中能够获得相应的政策支持和承诺。

(三) 保护措施的联合执行和动态监控

由于自然环境的保护是一个长期的工作,其效果也并非短期能够显现,因此跨境基础设施项目中的自然环境保护措施不仅要设计合理,执行的有效性和持续性也十分重要,而这与项目管理者本身的执行能力有关,也与相关国家政府和部门的配合与协调有关。然而,从中老铁路项目来看,虽然老方在自然环境保护方面的需求十分明确和强烈,但由于自身在管理能力和经验方面的欠缺,项目不仅实施了各种环境保护措施,也基于中方的技术对措施的执行进行了监控,就可能产生的环境影响开展动态评估。例如,通过在铁路沿线设置跨境监测点来分析铁路对亚洲象迁徙和繁殖的影响,以及防护栏设置的合理性和产生的作用。

本章小结

跨境基础设施虽然对提高区域基础设施服务质量和推动经济增长有积极作用,但面对全球气候变暖、环境污染、物种灭绝等环境问题的加剧,如何令其不成为区域环境污染"巨兽",而有益于区域实现可持续发展就成了一个重要议题。本章基于美洲开发银行提出的"可持续基础设施"中的环境可持续性理论,分别从自然资源开发和利用、污染物减排和自然环境保护三方面结合实际案例对跨境基础设施中的环境保护合作进行了合作机制的讨论。

为了实现区域整体环境效益增加和对区域自然资源及环境潜在负面影响的最小化,跨境基础设施在建设和运营中应该开展项目层面、国家政府和相关部门层面以及区域层面的合作,这些合作的内容不仅包括对不可再生资源的循环和减少利用、可再生资源的高效利用、污染物排放的减少，也包括对设施覆盖区域生物多样性、生态服务和公共空间等的保护，而这些合作的开展与国家环境管理能力、区域性机构的融资和技术支持、跨境能源与环境交易平台有着密切关系。

第六章

跨境基础设施与区域贸易便利化合作

贸易是区域经济一体化以及区域经济增长的关键因素,而跨境交通基础设施发展的最主要目的便是通过改善交通运输条件来促进区域内的贸易增长。然而,虽然跨境交通基础设施的修建虽可以改善运输"硬件"条件并降低运输成本,但这不是降低贸易成本并且确保各类跨境贸易者有效获得自由贸易利益的充分条件,贸易便利化的实现才是提高整个区域贸易效率的不二选择。为此,本章将主要从通关便利化、运输标准化和非正式贸易监管三方面对如何在跨境交通基础设施发展中开展贸易便利化合作进行讨论。

第一节 跨境基础设施与贸易便利化

近几十年来,全球的很多发展中国家都致力于深化区域一体化,贸易是其中的主要议题,而跨境基础设施,尤其是跨境交通基础设施成为促进贸易发展的重要物质基础。然而,硬件条件的改善并不能解决所有的贸易障碍,其经济和社会效益的产生受制于各国之间的贸易便利化程度,只有跨境交通基础设施和国内交通基础设施在硬件和管理制度上的有效连接和对接才能有效降低贸易成本并促进区域贸易发展。

一 贸易便利化的内涵

随着全球化进程的加快和互联网技术、通信技术的发展，为了解决国际贸易中由于通关程序烦琐复杂、贸易基础设施落后、国家间贸易管理组织协作不足等造成的交易成本高和交易效率低的问题，贸易便利化于20世纪末逐渐成为国际贸易领域研究和实践的重要议题。世界贸易组织（World Trade Organization，WTO）认为贸易便利化是"对进出口程序的简化、现代化和协调"，其中的进出口程序不仅包括海关清关、货物放行，还包括货物运输。[①] 经济合作与发展组织（Organization for Economic Cooperation and Development，OECD）将贸易便利化定义为"对产品进出一国时国际贸易技术和法律程序的精简和简化"[②]。从这两个定义来看，贸易便利化的核心在于通过各国政府和进出口管理部门之间的协调与合作，来实现国家进出口程序的简化和国家间贸易条件的改善，从而降低交易成本提高贸易效率，这不仅有利于商业的发展和消费者，也有利于消除相关部门的腐败问题。[③] 从目前研究和实践的情况来看，贸易便利化水平主要从基础设施质量与物流效率、海关环境与边境管理、规制环境、电子商务和金融服务五个方面来衡量，其具体内容如表6-1所示。

表6-1　　　　　　　贸易便利化水平的评价内容

评价内容	评价指标
基础设施质量与物流效率	运输基础设施质量（包括铁路、公路、港口、运输河道、机场等）、基础设施运输质量、物流系统货物承载力、物流效率

[①] WTO. Trade facilitation, https://www.wto.org/english/tratop_e/tradfa_e/tradfa_e.htm.

[②] OECD. Trade facilitation, http://www.oecd.org/trade/topics/trade-facilitation/.

[③] Ibid.

续表

评价内容	评价指标
海关环境与边境管理	进出口中的非正常开支、贸易壁垒程度、海关手续复杂程度、报关审批程序效率、海关与移民部门职权滥用情况、海关与移民部门的清廉程度
规制环境	国家政策法规透明度、监管力度和政策法规执行力度、法规体系完善程度、争端解决效率、政策法规的稳定性
电子商务	通信基础设施质量、通信网络效率、网络安全情况、互联网普及状况、电子商务发展水平
金融服务	跨境金融服务的供给情况、跨境金融服务获取的便利性、跨境金融服务的稳定性、跨境金融服务的规范性与安全性

资料来源：根据沈铭辉：《东亚国家贸易便利化水平测算及思考》，《国际经济合作》2009年第7期；梅宇航：《金砖国家贸易便利化与贸易潜力研究》，博士学位论文，辽宁大学，2019年；宋周莺、虞洋：《"一带一路"沿线贸易便利化发展格局研究》，《地理科学进展》2020年第39卷第3期整理与补充而来。

如表6-1所示，贸易便利化的实现是一个贸易基础设施完善、进出口管理改进和贸易程序数字化的过程，而包括运输基础设施和通信基础设施在内的基础设施发展是贸易便利化的"硬件"条件。其中，包括国内和跨境铁路、公路、运输河道机场、以及港口在内的运输基础设施是实现货物跨境或国内运输可行性的必要前提条件，其建设标准、建设规模和可通行能力不仅决定了货物运输的数量和质量，也与物流系统的承载力和效率有密切关系。另外，作为开展电子商务和电子政务的基础，通信基础设施的质量和运行效率在很大程度上影响着各类海关、移民、检验检疫等贸易数据在企业、个人和政府之间的交换效率，从而决定了数字贸易便利化（Digital Trade Facilitation）①的实现程度。由此可

---

① 数字贸易便利化是指应用现代信息和通信技术对国际贸易程序的简化和自动化。（资料来源：Yann Duval, Kong Mengjing, "Digital Trade Facilitation: Paperless Trade in Regional Trade Agreement", *ADBI Working Paper Series*, No. 747, June 2017, p. 1。）

见，跨境交通和通信基础设施的发展程度对于贸易便利化的实现起到关键性作用。

二 跨境基础设施与区域贸易便利化的关系

在一个全球供应链的时代，我们需要从边境、境外和整个区域的角度来看待贸易便利化。[①] 跨境基础设施作为区域一体化的重要组成部分，尤其是对于跨境交通基础设施来说，其最主要的发展目的便在于通过与国内交通基础设施相融合来有效降低贸易成本并且促进区域内的贸易增长[②]，从这一点来看，其与贸易便利化的目的是一致的。结合以上对贸易便利化定义和内容的分析来看，跨境基础设施又与区域贸易便利化有着密不可分的联系，其具体表现在以下几个方面。

（一）跨境基础设施是区域贸易便利化的"硬件条件"

基础设施质量与物流效率是实现贸易便利化的关键影响因素之一，而跨境基础设施的建设与运营无疑将十分有利于改善和提高国家间的跨境运输和通信基础设施质量。值得注意的是，除了跨境公路、铁路、河道的修建令货物和人员的实体跨境流动更加便利和高效外，包括跨境信息基础设施和跨境物理基础设施数字化两方面的跨境数字基础设施建设和发展也有力地推动了贸易便利化，令国家间贸易信息的传递和处理，以及与贸易管理协作更为方便。

（二）跨境基础设施中的合作为区域贸易便利化奠定了基础

虽然从贸易便利化的定义和内容来看，跨境基础设施主要是在物理设施方面为区域贸易便利化提供了物质条件，但由于跨境基础设施的供给本身以各国的合作为核心，因此这为贸易便利化的实现奠定了一定的基础。这是因为跨境基础设施修建的主要目

---

① ADB. Border without Barriers-Facilitating Trade in SASEC Countries, Edited by Marwa Abdou et al., December 2019, p. 1.

② Manabu Fujimura, "Cross-Border Transport Infrastructure, Regional Integration and Development", *ADB Institution Discussion Paper*, No. 16, November 2004, p. 1.

标之一便在于促进区域贸易的增长,各国之间正因为对这一目标达成了共识,才愿意加入合作者的队伍中,而贸易便利化有助于这一目标的实现,因此各国之间将更容易就此达成一致并采取积极的合作行动。

(三) 区域贸易便利化是跨境基础设施效益实现的关键

贸易是有效迈向合作的第一步[①],而跨境基础设施修建与发展的基础在于国家间的合作,因此国家间贸易的持续与增长将直接影响跨境基础设施合作关系的维系,若跨境基础设施沿线国家间的贸易量持续降低甚至贸易中断,那么意味着跨境基础设施将丧失大部分的收益和效益实现机会,国家间也就不会继续围绕跨境基础设施开展合作。从这一点来看,区域贸易便利化的实现不仅体现各国间发展贸易的强烈意愿,同时也将极大地促进国家间贸易效率的提高,这意味着各国将有更多意愿利用跨境基础设施,从而使跨境基础设施的利用率进一步提高,其经济和社会效益得以更好地实现。

(四) 区域贸易便利化是跨境基础设施高效运行的保障

从功能上来说,虽然跨境基础设施的建设和运营可以为区域贸易便利化的实现提供良好的物理条件以及一定的合作基础,但这并不代表设施所处区域一定能够实现贸易便利化,因为贸易便利化的实现还需要从国家贸易政策、海关与边境管理、跨境金融服务等多方面进行合作与努力。相反,由于贸易便利化将令货物和人员过境的程序和手续得以简化,并且通过利用现代信息技术令报关、边境检验检疫等实现数字化和无纸化,因此跨境基础设施的利用效率将大大提高,并且减少因为通关手续烦琐、跨境物流行政管理效率低下等造成的边境地区运输阻滞现象,从而确保

---

① 罗伯特·德芙林、安东尼·埃斯特瓦多道尔:《贸易与合作:一种区域性公共产品的视角》,李巍译,载[西]安东尼·埃斯特瓦多道尔、[美]布莱恩·弗朗兹、[美]谭·罗伯特·阮《区域性公共产品:从理论到实践》,张建新、黄河、杨国庆等译,上海人民出版社2010年版,第148页。

跨境基础设施能够高效运行，实现其促进区域贸易增长和社会发展的目标。

三　跨境基础设施发展中的贸易便利化合作内容

从上述对贸易便利化及其与跨境基础设施关系的分析来看，虽然跨境基础设施的发展并不是区域贸易便利化实现的唯一决定因素，贸易便利化却由于能够消除货物和人员在跨境运输和贸易中的"边境障碍"以及减少与跨国贸易相关的事件成本、经济支出和不确定性而成为跨境基础设施得以高效运行和实现效益的关键。因此，贸易便利化是跨境基础设施开发中不可或缺的合作内容。具体来看，其主要合作内容包括通关便利化、运输标准化和非正式贸易监管三个方面。

（一）跨境基础设施与通关便利化

边界通行效率对于跨境基础设施的运行来说有着重要影响，而通关则是边界通行效率的决定性因素之一。通关便利化是指通过简化海关通关程序、提高清关程序效率、相关法律和规定的协调和基础设施的标准化和改善来实现货物通关费用和通关时间的降低以及海关透明度的提高。从这一点来看，通关便利化的实现将从边界这一个"点"来保障跨境基础设施的高效和平稳运行，并且促进贸易便利化的实现。另外，由于在跨境基础设施的发展中区域内各国间建立了合作关系并且达成了促进贸易这一经济共识，因此各国政府之间具备了开展通关便利化的政治和经济基础；而跨境通信基础设施和交通运输基础设施的发展为通关便利化的实现提供了物理性基础。

（二）跨境基础设施与运输标准化

人员和货物的跨境运输是开展跨国贸易的基础，而跨境基础设施尤其是跨境交通基础设施则是跨境运输的关键性物理条件，跨境基础设施的建设标准和运行标准将直接决定跨境运输的效率。运输标准化是指在运输生产实践中对重复性事物和概念，通过制定、发布和实施标准，以获得运输生产最佳秩序和最好社会效益的过程。① 对于跨境基础设施来说，由于不同国家在交通基础设施建设和运输工具标准方面存在差异，对于设施的利用效率以及承载力要求也有所区别，因此必须开展针对跨境基础设施的运输标准化合作，以便让所有的国家都能够按照相同的要求来利用设施进行贸易，不仅有利于运输秩序的维护、运输安全的实现，也有利于各国通过公平共享设施来获得最佳的社会和经济效益。

（三）跨境基础设施与非正式跨境贸易监管

非正式跨境贸易是指合法生产的商品和服务在贸易中逃避了政府的监管框架，从而避免了某些税收和监管负担。② 这一定义意味着非正规和正规企业都可能参与非正式跨境贸易，这种可能同时发生在官方或非官方路线上的贸易并没有被记录在海关的官方记录中，并且完全或部分避免了关税及其他跨国贸易的费用。③ 显然，非正式跨境贸易是一种非法行为，但这一行为对不发达国家的人民生计有重要作用④，并且其产生的根源在于海关部门的腐败以及不透明的监管操作、边境执法不力、国家间的进出口禁令、高额的贸易成本等⑤。从这一点来看，跨境交通运输基础设施的修建本身并不能够消除这一现象。相反，如果海关、边境管理等跨境贸易主管部门没有实施有效监管，那么可能因为运输条件的改善而导致这一行为发生得更为频繁，而贸易秩序将更加混乱。因此，跨境基础设施相关国家间对非正式跨境贸易监管的合作十分重要。

---

① 《交通大辞典》编辑委员会：《交通大辞典》，上海交通大学出版社 2005 年版，第 47 页。

② Lesser, C. and Moise-Leeman, E. Informal Cross-Border Trade and Trade Facilitation Reform on Sub-Saharan Africa. Trade Policy Working Paper 86. Paris: OECD. 2009. p. 11.

③ Ibid.

④ Ibid.

⑤ Lesser, C. and Moise-Leeman, E. Informal Cross-Border Trade and Trade Facilitation Reform on Sub-Saharan Africa. Trade Policy Working Paper 86. Paris: OECD. 2009, pp. 17 – 20.

第二节 跨境基础设施与通关便利化

如上所述,为了确保跨境基础设施,特别是跨境交通基础设施的高效和平稳运行,并且充分发挥其促进贸易的作用,关注于商品和人员过境相关程序效率提高的通关便利化必不可少,而其内容不仅涉及人员和商品跨境流动所需手续的简化和办理效率的提高,也涉及过境服务的可用性和获取的便捷性。为此,本节将结合实例,对跨境基础设施发展中的通关便利化合作进行讨论。

一 跨境基础设施发展中的通关便利化合作内容

从当前全球跨境基础设施,尤其是跨境交通运输基础设施的发展来看,通关效率已经成为全线通行效率提升的关键。因此,欧盟、大湄公河次区域等区域通过"绿色通道""无纸化报关""预报即放""虚拟口岸"等方式积极推进通关便利化合作,但不论具体方式如何,其合作的核心内容都包括以下三个互相关联的方面。

(一) 跨境手续的简化

由于政治和法律的原因,各国在移民入关、商品进口和过境等方面的管理制度存在差异,因此所需办理的跨境手续也不尽相同,而流程烦琐且材料复杂的跨境手续令跨境旅客、商品承运人、贸易商等往往需要花费很大的时间成本来应对,加之部分国家的出入境手续办理窗口的设施陈旧,导致边境地区拥堵不堪,跨境基础设施整体运输效率大大降低。然而,就保障国家间贸易秩序和移民安全来说,跨境手续则是必要的。从欧盟、大湄公河次区域等区域的实践来看,各国对跨境手续简化所做努力的最直接体现就是一站式检查。在进行一站式检查中,海关和移民等相关部门将同时对出入境货物和人员进行一次检查,货运司机、国际旅客等均只需要在一个窗口递交材料便可完成所有审核和检查程序,并且随着数字化通关的实行,很多国际旅客可以在持有合法签证的情况下免予边境审查,通过扫描二维码等方式快速通关。

(二) 清关效率的提高

随着信息技术的发展,各国移民和海关部门都在积极实施数字化改革,电子签证、数字化报关等业务相继得以开展。但遗憾的是,虽然跨境手续得以简化,但相关部门的办事效率仍然较低,导致旅客、跨境运输承运人和贸易商等仍然需要花费很多时间来等待相关审核结果和证件的办理,即便是在实施了一站式检查后,边境地区仍然可能存在由于清关程序效率低下而导致的运输阻滞现象,进而令整个跨境基础设施的运输效率降低,拖累贸易增长。从目前全球实践的情况来看,通过协调国内海关、检验检疫、公共卫生、移民等部门进行检查程序优化,以及通过国家间的联合检查[1]、授权检查[2]、分工检查[3]是有效提高清关效率的主要做法。

(三) 过境设施与服务的改善

如果说跨境手续的简化和清关效率的提高是通关便利化在制度以及管理方式方面的实现,那么过境设施与服务的改善则是为其提供了物质基础。具体来说,过境设施与服务的改善涉及车辆、货物、运输人员与旅客、过境基础设施与设备以及其他服务与设施等诸多方面,而这些设施与服务的供给和改善大多需要邻国间通过合作来实现,并且很多设施的建设本身也是跨境基础设施建设的一部分。例如,为了便于货物通关,在边境地区需要安排双通道过境,如有

---

[1] 联合检查主要指两个相邻国家的海关当局共同并同时对过境货物进行检查和管理。(资料来源:ADB. Greater Mekong Subregion Cross-Border Transport Facilitation Agreement-Instruments and Drafting History, Annex 4: Facilitation of Frontier Crossing Formalities, 2011。)

[2] 授权检查主要是指一国将其检验和管理权委托给另一相邻国家的海关关员来代为履行,双方互认对方海关的检查结果。(资料来源:ADB. Greater Mekong Subregion Cross-Border Transport Facilitation Agreement-Instruments and Drafting History, Annex 4: Facilitation of Frontier Crossing Formalities, 2011。)

[3] 分工检查是指相邻两国海关分别从事不同的特定职能。例如,根据交通方向(出境/入境)或运输类型(旅客/货物)来进行分工检查。(资料来源:ADB. Greater Mekong Subregion Cross-Border Transport Facilitation Agreement-Instruments and Drafting History, Annex 4: Facilitation of Frontier Crossing Formalities, 2011。)

需要还应建设一条转换车道。在车辆过境时，应该为车辆、驾驶人员、乘客等提供一些基础性服务，包括车辆维修与保养服务、车辆加油和电池更换服务、临时停车场、车辆消毒等。为了能够提高海关检查和检验检疫的效率，边境地区需要设置大型 X 光设备，以便对货物进行检查。除此之外，为了确保过境旅客和货运司机等在等待检查过程中能够获得基本的生活服务和充足的人身安全保障，邻国间应合作建立过境服务区，提供通信、货币兑换、餐饮住宿等基础性服务，并且部署警察部队等。

二 大湄公河次区域跨境公路发展中的通关便利化合作

大湄公河次区域经济合作项目自 1992 年启动以来，亚洲开发银行拟定并实施了次区域跨境交通运输基础设施建设项目，从物质基础方面逐步增强了大湄公河次区域中六国的交通和经济联系。然而，各国政府与亚洲开发银行也同时认识到，除了物质性连接的改善外，减轻对商品和人员跨境流动的非物质障碍对提高运输与贸易效率、降低贸易成本也十分重要，这将决定跨境交通运输基础设施是否能够实现经济效益最大化。为此，亚洲开发银行通过资助"跨境商品和人员非物质障碍缓解""大湄公河次区域商品和人员跨境流动便利化""大湄公河次区域跨境商品和人员流动便利化协议执行"等技术援助项目，最终促成了《大湄公河次区域便利货物及人员跨境运输协议》的签订。该协议是一个具有包容性的多边工具，其涉及跨境运输便利化的所有相关方面，以下就着重对跨境公路发展中的通关便利化合作过程及内容进行阐述。

从 1996 年起，在亚洲开发银行的资助和技术支持下，有关大湄公河次区域六国跨境公路发展与国内交通运输的相关问题，以及各国公路运输与国际惯例或协议之间的差异得到了充分的研究和评估，而通关障碍便是阻碍次区域内商品和人员跨境流动的主要非物质障碍之一，其主要表现在海关手续与清关以及人员跨境手续两方面。虽然一些国际惯例已经对这种障碍的解决做出了一些规定，但由于法律和政治的原因，在短时间内不可能让所有大湄公河国家完全采用这些惯例。于是，在亚洲开发银行的协调下，各国间开始了有关通关便利化的合作，其合作内容主要包括一站式/单一窗口检查、文件协调与简化、便利化基础设施与服务提供等方面。其具体内容如表6-2所示。

表6-2　　　　大湄公河次区域跨境公路中的通关便利化合作内容

合作内容	具体合作事项
一站式海关检查	各个缔约方承诺对于所有过境运输业务进行一次海关检查
文件协调与简化	·各个缔约方应尽量使用符合国际标准和惯例的与过境手续有关的文件 ·尽可能限制、减少和消除过境手续所需的程序和文件的数量和范围 ·所有文件都用英文撰写
信息交换	·各个缔约方需要以英文来公布其过境立法、条例、手续和具体做法及其变化和修订情况 ·人员或货物发出国必须尽快向到达国的海关及其相关部门传递报关信息
优先通关	在不违反检验检疫规定的情况下，患病旅客、易腐物品、动物等优先通关
过境基础设施	·车辆过境与临时停放设施与服务 ·货物仓储、消毒、检验检疫等设施与服务 ·旅客与承运人的人身安全、食宿、通信、卫生、医疗急救等设施与服务
过境服务与设施	·双通道过境公路及交通转换车道 ·货物和集装箱检查的大型X光机 ·护照与签证读取的自助设备 ·车辆识别与过境录像设备

资料来源：根据《大湄公河次区域便利货物及人员跨境运输协议》附录4、附录12整理。（资料来源：ADB. Greater Mekong Subregion Cross-Border Transport Facilitation Agreement-Instruments and Drafting History, Annex 4: Facilitation of Frontier Crossing Formalities, Annex 12: Border Crossing and Transit Facilities and Services, 2011。）

由于大湄公河次区域跨境公路的建设与维护资金大多来自亚

洲开发银行，并且在建设与管理上也得到了相应的技术援助，因此在通关便利化推进过程中并没有遇到明显的资金和具体技术障碍。然而，由于通关便利化的实现与各国的通关费用收取、清关程序、海关对外合作等有密切联系，因此在六国均表示愿意进行通关便利化合作的基础上，亚洲开发银行发挥区域性机构的跨国协调能力，以充分考虑六国通关程序特点以及东盟相似规定为前提，吸纳双边或多边行动的基本原则以及欧盟促进陆路跨境运输便利化的经验，开展了大量的咨询和国家协调工作，在保证《大湄公河次区域跨境运输协议》能够成功签订的同时，也令协议与现有跨境陆路运输便利化国际惯例和东盟的相似协议保持一致。①

三　跨境基础设施发展中的通关便利化合作要点

无论是从大湄公河次区域的跨境公路还是欧盟的跨境公路与铁路网络发展来看，通关便利化的推进少不了区域性机构为了各国国家政府和海关部门之间合作而展开的协调与努力，但对于实质性的合作还有赖于以下三个方面的实现。

（一）不同国家海关、边境管理相关部门的信任与合作

如前所述，虽然跨境基础设施的建设本身就为通关便利化的合作奠定了基础，能够从国家政府层面给予各国海关、边境管理部门合作动力，但由于各国的海关、边境管理部门已经形成了相对固定且具有差异化的管理模式和通关流程，而合作本身意味着可能需要对其进行调整，因此这种合作本身存在诸多障碍。从具体合作内容来说，为了实现跨境手续的简化和清关效率的提高，海关、边境管理、检验检疫等部门需要共同努力来实现一站式检查，而其中不仅涉及本国各个部门之间的合作，还需要邻国海关能够就报关文件与数据的传递与审批、对过境货物和人员的检查

---

① ［日］坂井和、［美］谭·罗伯特·阮：《区域性公共产品供给的协调：大湄公河次区域项目》，徐长春译，载［西］安东尼·埃斯特瓦多道尔、［美］布莱恩·弗朗兹、［美］谭·罗伯特·阮《区域性公共产品：从理论到实践》，张建新、黄河、杨国庆等译，上海人民出版社2010年版，第397页。

模式、审批流程、检查结果确认方式等达成一致，进而通过分工合作和授权实现对过境货物和人员的联合或分工检查。从当前的国际实践来看，对于通关便利化有关国际惯例的采用是促成这种合作和形成信任最有效的方式。

（二）跨境贸易服务与跨境基础设施的运输要求相匹配

对于参与跨境基础设施开发的国家而言，贸易的增长显然是其共同追求的目标，但由于各国在经济发展水平、边境基础设施条件、海关和边境管理等部门的管理和服务能力方面存在明显的差异，因此即便各国政府以及海关部门对于通关便利化有着十分强烈的意愿，但仍然会由于现实条件的限制而导致无法令所有国家都按照统一标准和时间节点来提供通关便利化所需的跨境服务。因此在开展跨境基础设施规划之时，有必要对沿线各国在通关便利化实现中存在的物质和制度障碍和困难进行分析，寻找可行的解决办法，并将其纳入项目建设内容之中，不仅对诸如边境服务区、过境车道这样的物质基础设施进行建设和完善，同时也对相关服务的供给制度进行协调。当然，在开展这种规划之前，各国政府之间必须对跨境基础设施的运输需求以及区域贸易的发展趋势有客观的认识，以便对通关便利化所需的跨境贸易服务数量和质量形成共识。

（三）跨境贸易的数字化

跨境贸易的数字化旨在通过各类信息技术的使用令跨境贸易程序得到简化，其核心在于使贸易数据和文件非物质化并使其能够进行电子交换，最直接的体现就是无纸化贸易（Paperless Trade）。事实上，从当前全球的实践状况来看，无纸化贸易已经被纳入很多区域性贸易协定，并且不仅对实施一站式海关检查等通关贸易便利化措施起到了重要作用，也对保持区域贸易竞争力以及增加中小型企业参与跨境贸易有着关键影响。[1] 然而，由于政府投资和办事效率等方面的制约，很多国家通过加入各种各样的

---

[1] Yann Duval, Kong Mengjing, "Digital Trade Facilitation: Paperless Trade in Regional Trade Agreements", *ADBI Working Paper Series*, No. 747, June 2017, p. 1.

贸易协定对实现无纸化跨境贸易给出了承诺，但执行速度和执行效果却不尽如人意。[1] 对于跨境基础设施运行与发展来说，这种情况的出现不仅将拖慢整体的通关便利化实现进度，同时也将挫伤实施较快国家对推动整体通关便利化的信心。因此，沿线各国政府在通过贸易协定来进行承诺的同时，还应该就实施进度达成一致，并且就实施方法和路径方面开展合作。

第三节 跨境基础设施与运输标准化

如果说上文中所述及的通关便利化解决的是如何能够让跨境贸易的人员和商品以最高效的方式合法地跨越边界这个"点"的问题，那么本节所要讨论的运输标准化则是关于如何能够确保货物和人员能够在跨境运输基础设施这条"线"上高效和安全运行的问题。由于各国在基础设施建设标准、道路车辆运行标准、运输职业资格等方面存在差异，因此沿线各国必须通过合作的方式来解决运输标准化问题，而这不仅关乎基础设施的建设质量与投资，更关乎运输安全与运输效率。

一 跨境基础设施发展中的运输标准化合作内容

跨境交通基础设施和国内交通基础设施的融合能够有效降低贸易成本并且促进贸易，[2] 但由于各国在基础设施建设标准、运输工具标准、运输管理制度方面存在差异，因此如何令跨境交通基础设施既能够满足沿线各国的运输需求，也与国内运输条件相匹配就成了跨境交通基础设施开发必须解决的问题，而运输标准化便是其中的关键。事实上，早在 1975 年，联合国欧洲经济委员会

---

[1] Yann Duval, Kong Mengjing, "Digital Trade Facilitation: Paperless Trade in Regional Trade Agreements", *ADBI Working Paper Series*, No. 747, June 2017, p. 24.

[2] Manabu Fujimura, "Cross-Border Transport Infrastructure, Regional Integration and Development", *ADB Institution Discussion Paper*, No. 16, November 2004, p. 1.

牵头制定的《国际公路运输公约》(简称《TIR 公约》) 就是对国际运输标准化做出的有力探索,我国也于 2016 年 7 月 26 日正式加入该公约。① 除此之外,欧盟、大湄公河次区域等也在跨境基础设施发展过程中围绕运输标准化开展了合作,笔者通过比较发现其合作内容主要包括以下三方面。

(一) 运输基础设施建设标准统一

运输基础设施的建设与维护是开展跨境贸易最基本的物质条件,但由于各国的经济和社会发展水平相差巨大,因此对运输基础设施的建设需求和承载能力也不尽相同。对于合作开发跨境基础设施的成员国家来说,过高的建设标准带来的高昂建设成本将形成巨大的经济负担,并且可能由于运输工具的不匹配而造成浪费,而过低的建设标准可能无法满足区域贸易的基本运输需求进而阻碍区域贸易的发展。因此,在跨境基础设施修建之前各国就必须基于各自的贸易需求和基础设施发展情况对运输基础设施的建设标准形成统一意见,进而为具体项目的规划和设计奠定基础。例如,在大湄公河次区域的跨境公路发展中,各国就通过《大湄公河次区域便利货物及人员跨境运输协议》对公路、桥梁设计建造标准和公路交通管理和标志进行了约定。

(二) 交通运输工具标准统一

为了提升交通运输效率,确保交通工具和设备的运行与运输基础设施相匹配,以及运输的安全性,运输交通工具标准的统一是跨境基础设施发展过程中运输标准化的另一项合作内容。受到经济和社会发展的影响,跨境基础设施沿线国家势必在交通系统发达程度和交通管理制度方面存在的差异,而这也直接导致各国的运输交通工具标准不一致。然而,对于跨境基础设施的运营来说,如果运输基础设施无法承载运输工具,那么将造成设施的损坏和运行的中断,但如果运输基础设施的设计运输能力大大超过运输工具的需求,那么又会造成运力的浪费。因此,在跨境基础

---

① 《中国加入 TIR 公约,助推一带一路建设》,2017 年 7 月 27 日,搜狐网 (https://www.sohu.com/a/108579736_433360)。

设施建设前以及建设过程中各国政府和交通运输部门必须通过合作来对交通运输工具标准进行确定，并且在项目规划中考虑转运站等设施，以确保各国能够正常利用基础设施，且设施本身的利用效率最大化。从当前诸如《TIR 公约》等国际相关标准制定的情况来看，交通运输工具的标准主要包括货运车辆标准、集装箱运输标准、客运车辆标准、危险品运输车辆标准、大件运输标准等。

（三）运输承运人资格认证

除了上述的运输基础设施建设标准和交通运输工具标准外，跨境运输承运人的资格取得与认证标准化是关于跨境基础设施使用主体要求的统一，它不仅关乎于设施运行的安全与效率，同时也关乎各国是否能够公平地得到利用设施的机会。从当前国际相关实践经验来看，关于承运人资格认证的合作主要包括资格认证程序和资格认证内容。其中资格认证程序主要是指对跨境运输者的资格审核和批准流程进行统一化和简化，资格认证内容则主要包括执业资格、国民合法身份和服务许可三方面的认证。通过资格认证的运输者可以获得跨境基础设施沿线各国互认的相关通关文件和证件，以便可以顺利地将乘客或货物运输到其他国家。与此同时，为了让跨境运输从业者能够持续地拥有开展安全运输的能力，各国间还应基于对承运人责任和资质的要求和规定，对相关从业者开展标准化的培训和宣传。

二　欧盟跨境铁路发展中的运输标准化合作

跨境铁路网是欧盟交通网络建设和发展的重要组成部分，但由于欧盟各国都对铁路基础设施的建设和运行制定了不同的技术规范，因此不同的轨距宽度、电气化标准、安全信息系统都使得列车从一个国家开往另一个国家变得困难和昂贵，不仅降低了整个欧盟铁路网络的运行效率，也令乘客、承运人、贸易商等不得不承担更多的运输成本。于是，欧盟开展了旨在改善铁路系统中基础设施、机车车辆、信号和其他子系统的"互操作性"（interoperability）的行动，而这一行动的核心便在于通过立法的形式来推动欧盟铁路的运输标准化。

在这一行动过程中，欧洲铁路局（The European Railway Agency，ERA）发挥着核心作用。成立于 2006 年的欧洲铁路局作为欧盟机构，受欧盟公法管辖，但独立于欧盟机构运作，欧盟委员会是其重要的利益相关者和任务执行伙伴。此外，欧洲铁路局还与欧盟各国的国家安全部门、铁路部门、铁路工人协会、客货运承运商、国家调查机构以及欧洲标准化组织（European Standardization Organization，ESO）、铁路合作组织（Organization for Cooperation between Railways，OSJD）、国际铁路运输政府间组织（Intergovernmental Organization for International Carriage by Rail，OTIF）等组织开展密切合作，来制定共同认可的铁路建设和运行技术规范及安全管理方法。[①]

通过各方的合作，《欧盟铁路系统"基础设施"子系统互操作性技术规范》（*Commission Regulation No. 1299/2014*）于 2014 年 11 月 18 日颁布，《欧盟铁路系统互操作指令》也于 2016 年 5 月 11 日发布。从具体内容来看，欧盟铁路基础设施系统互操作性的实现主要通过对线路布局、轨道参数、道岔和交叉口、轨道荷载、交通荷载结构、轨道几何缺陷的即时作用限制、站台、操作准备、列车固定装置维修等方面进行标准化来实现，同时也对铁路供能子系统、铁路车辆子系统、控制指令与信号子系统、交通管制子系统以及驾驶人员资格与能力提出了技术规范和职业规范。

值得一提的是，在通过立法形式确立该技术规范之前，欧洲铁路局通过与欧盟委员会以及其他利益相关者一道对于实施该项标准化的可行性以及社会和经济影响等进行了认真的评估，同时还分析了各国当前铁路运输标准之间的差异以及开展标准化的障

---

① 欧洲铁路局利益相关者详细情况请参见 https：//www. era. europa. eu/agency/stakeholder-relations_ en。

碍和困难，进而制定了详细的实施路线图以及实施指南。①

三　跨境基础设施发展中的运输标准化合作要点

从大湄公河次区域跨境公路以及欧盟跨境铁路和公路的发展经验来看，虽然二者在运输标准化的主导者、实施方式以及具体内容方面存在诸多不同点，并且从实际推进的情况来看，依旧存在诸多问题和障碍，但各国在开展合作中都十分强调以下三点。

（一）与通关便利化相结合

如上所述，跨境基础设施发展中的运输标准化能够通过对交通基础设施、交通工具和承运人资格认证的标准化来实现跨境运输"线"的高效和安全运转，进而提高贸易便利化程度，并且它将有力地促进通关便利化的实现。这是因为对于交通设施、运输工具和承运人要求的统一，将令通关检查更容易形成模块化，检查效率得以提高，不必由于运输设备和运输承运人的多样性而需要采取很多临时措施，导致通关效率降低。然而，由于运输标准化和通关便利化通常分别由各国的交通部门和海关及边境管理部门来推动，因此极有可能出现部门之间和国家之间不同步的状况，而这将导致两方面的效果都无法得到及时展现。因此，在实施运输标准化的过程中，必须充分考虑各国通关便利化的实施内容以及实施进度，例如通关设施的建设、针对运输工具检查标准与手续的规定等，并且还需要做好国家间的协调，在这方面，《大湄公河次区域便利货物及人员跨境运输协议》便是一个有益参考。

（二）与沿线各国国内标准与需求的对接

从促进区域内贸易增长的角度来说，跨境基础设施建设和发展的目的在于改善贸易条件进而实现贸易便利化，而沿线的所有国家都将是受益者。然而，受到经济和社会发展水平的限制，各国在交通运输标准、交通基础设施承载力、交通运输发展需求和趋势等方面都存在差异，因此在开展运输标准化的过程中，应该

---

① 详细内容可参见 European Railway Agency, Guide for the application of the INF TSI (ERA/GUI/07-2011/INT), 2015, December 14。

充分考虑各国的交通运输标准制定情况、当前的国内交通基础设施发展水平以及国家经济和社会发展需要，以避免标准过高或过低所带来的经济负担和不良社会影响。例如，对于很多不发达国家来说，国内本身的物流业并不发达，作为主流的小型贸易商所使用的交通工具也各式各样，若盲目禁止一些车辆进入跨境公路，并强行要求其使用统一型号的车辆，那势必将给这些贸易商带来经济负担，并最终转嫁于消费者，而这些无疑将损害区域贸易和各国的国内经济发展。

（三）运输标准化进程的协调

由于跨境基础设施沿线各国在交通运输管理制度和社会发达程度上存在差异，而这种差异将导致无法采用统一的模式来推进运输标准化，也无法按照统一的时间节点来要求所有国家。因此，为了能够尽快实现这种标准化，就需要各国政府和交通运输主管部门展开合作，一方面根据跨境基础设施的建设进度来制定相应的总体实施路线图和实施计划；另一方面在充分考虑各国国情的情况下设计一些过渡措施，例如分步淘汰一些不符合标准的运输车辆，分阶段改造国内与跨境基础设施相连的连接线，以使其符合运输标准。与此同时，为了减轻单个国家进行标准化的经济负担，可以基于各国交通管理部门的互认与合作，通过引入国外投资者或部分国家筹资，建立一些专门在跨境基础设施上进行运输的物流体系，通过与各国国内运输系统的有效对接和设置合理的收费模式，提高运输标准化的推进速度。

第四节　跨境基础设施与非正式贸易监管合作

从本章第一节对贸易便利化评价内容的分析来看，海关环境与边境管理以及规制环境对贸易便利化的实现有着重要影响，而非正式贸易的出现便是由于复杂过境程序、高额贸易成本、海关及边境部门腐败和规制缺陷所引发的。跨境贸易中复杂的过境要求扩大了海关及边境管理部门腐败的可能性,[①] 而非正式贸易的增长会导致腐败日益严重,削弱实现通关便利化和运输标准化的动力,同时造成区域贸易成本不断增长、贸易管理混乱甚至引起贸易争端,而这对于跨境基础设施实现其促进贸易的目标来说显然是十分不利的。然而,从现实状况来说,非正式贸易不仅在不发达国家间普遍存在,而且对其贸易发展也非常重要,例如,大湄公河次区域的贸易总量中据估计有20%—30%的非正式贸易没有被统计。[②] 由于这种贸易为非正式贸易商及其家庭提供生计,也令很多家庭能够获得更加便宜的生活必需品,如果完全消除这种贸易,那么其造成的经济和社会负面影响可能十分严重。因此,如何能够让这些非正式贸易商能够正常地利用跨境基础设施来开展贸易就成为必须解决的问题。

一 跨境基础设施发展中的非正式贸易监管合作内容

虽然非正式贸易从本质上来说是全部或部分非法的,但在非洲、东南亚和南美洲的很多不发达国家十分常见。为了绕过某些商品的进出口壁垒、逃避高额的关税、避免不透明的各种过境监管,很多非正式贸易商不仅通过贿赂海关关员,甚至冒着被殴打、言语侮辱、性骚扰等风险在进行贸易,[③] 并且贸易的收入也是唯一的家庭收入来源。对于这些非正式贸易商来说,跨境基础设施的发展给其带来了更便利的运输条件,但正规化的通关和运输程序以及对其开展全面打击可能意味着他们无法从基础设施的改善中获益,甚至丧失了经济来源,而这也降低了基础设施本身的利用

---

① Douglas H. Brook, *Regional Cooperation, Infrastructure and Trade Costs in Asia: Trade Facilitation and Regional Cooperation in Asia*, Edited by Douglas H. Brooks and Susan F. Stone, Edward Elgar Publishing Limited, UK, 2010, p. 10.

② Athukurola, P, "Trade Performance of GMS Countries: Trends, Patterns and Policy Options", ADB, 2007, p. 16.

③ Brenton P., Gamberoni E. and Sear C. (eds.), *Women and Trade in Africa: Realizing the Potential*, Washington DC: World Bank, 2013, p. 7.

效率和社会效益。因此，在跨境基础设施发展的过程中，各国应该通过以下几方面的合作对非正式贸易开展"疏堵结合"式的监管，以实现人人共享的区域贸易便利化。

（一）海关与边境管理部门的反腐败

海关与边境管理部门的腐败被认为是造成非正式贸易存在和增加的一个重要原因。在非洲、东南亚等地区，贸易商对海关和边境管理人员行贿甚至已经成为家常便饭，如果不行贿则面临着货物被没收甚至是以走私为由的拘役风险，当行贿金额令官员们满意时则可以获得免予征收关税或快速通关等"优待"[1]。显然，这种腐败对于非正式贸易监管的负面影响是致命的，如果不能实现监管的透明化和监管部门的清廉，那么非正式贸易将持续下去，即便实现了通关便利化和运输标准化，也无法达成真正的贸易便利化，相反可能由于跨境基础设施的修建而令非正式贸易日益泛滥，贸易者和区域贸易都没有从基础设施的改善中真正受益。然而，由于腐败的根除并非易事，因此从国际实践经验来看，除了开展国内的反腐败行动外，通常会基于贸易便利化协议开展各国边境执法和海关管理基本流程的统一，尽量减少对于贸易法律法规的任意使用，并通过第三方监管机构的引入来杜绝腐败问题。

（二）边境减税或免税贸易市场的建立

如前所述，非正式贸易虽然是一种不合法行为，却对很多不发达国家的经济发展和民生有着重要作用。因此，除了通过海关和边境管理部门的反腐败来逐渐消除非正式贸易外，还需要结合各国的实际情况通过建立边境减税或免税贸易市场来让很多非正式贸易"合法化"，即在边境地区的划定区域里，符合要求的贸易商可以免予或很少地被征收关税和其他过境费用，而对于不符合要求的贸易商则需要按要求征收关税和缴纳相应费用，违反者将予以处罚。当然，这种市场的建立和运作有赖于海关和边境管理

---

[1] Brenton P., Isik G. (eds), *De-fragmenting Africa: Deepening Regional Trade Integration in Good and Services*, The World Bank, 2012, p. 26.

部门的清廉程度以及管理水平，但同时也需要国家间对关税减免办法、市场交易规则、身份获得等方面展开合作，制定符合区域和国家经济发展、普通贸易商贸易需求的政策，在促进不同贸易商对跨境基础设施利用的同时，也令跨境贸易能够真正对区域内的减贫产生积极作用。

（三）个人或小型贸易商的通关程序简化

对于很多个人或小型贸易商来说，即便是实现了前文所述及的通关便利化，他们的贸易仍然面临重重挑战，这不仅包括由于语言障碍所导致的手续办理障碍，也涉及受教育程度较低所造成的对减免税收政策和正式过境手续理解的困难。在一些不发达国家，很多个人贸易商甚至是文盲。[①] 对于这部分贸易商而言，如果在贸易的过程中不能得到相应的语言支持和政策解读，那么他们不但不能有效地享受到减免税收等政策，甚至有可能未按照既定程序办理过境手续而成为非法越境者和走私者。因此，为了能够最大限度地对不同贸易商实现贸易便利化，应该对个人或小型贸易商的贸易和过境手续予以充分简化，并且辅以文件的多语种、过境翻译帮助以及政策解读类培训等措施，以提高这些贸易商的贸易能力。

二 非洲大湖地区跨境公路发展中的非正式贸易监管合作

非洲大湖地区（Great Lakes Region of Africa）[②] 虽然自然资源丰富但饱经战火摧残，幸而在联合国、非洲联盟以及各个国家的努力之下于 21 世纪初起逐渐迈向和平，同时也进入了经济发展的

---

① Tyson J., *Impact of Sub-Saharan African Trade Corridors on Vulnerable Groups*, London: ODI, 2015, p.28.

② 非洲大湖地区是指环绕非洲维多利亚湖、坦噶尼喀湖和基伍湖等湖泊的周边地区和邻近地区，涵盖安哥拉、布隆迪、中非、刚果（布）、刚果（金）、肯尼亚、卢旺达、苏丹、坦桑尼亚、乌干达和赞比亚11国。（资料来源：https://baike.baidu.com/item/非洲大湖地区/4420956？fr=aladdin）

新时期，而跨境公路也在东非共同体（East African Community，EAC）①推出的一系列基础设施发展计划之下得以发展。与此同时，在东南非洲共同市场（Common Market for Eastern and Southern Africa）②各成员国的合作之下，非洲大湖地区也开启了贸易便利化之路。然而，在跨境贸易复苏和发展的过程中，人们发现各国间的非正式跨境贸易正在成为非洲大湖地区市场相互连接的重要组成部分，而在过境时非官方支付、贿赂、性骚扰和人身暴力的日益盛行不仅助长了非正式跨境贸易的泛滥，也严重影响了整个区域的贸易秩序以及贸易便利化的实现，③于是各国开始对非正式贸易进行监管合作。

  然而，从现实情况来说，由于这种非正式贸易对这一区域的人们获得粮食等生活必需品以及确保贸易商及其家庭获得经济收入起着至关重要的作用，对这种行为进行完全禁止显然会造成极为严重的社会后果，并且大多数贸易商在通过正式过境点开展跨境贸易的过程中表示愿意缴纳适当的关税并希望被当作正常的贸易商对待。因此非洲大湖地区的国家认识到应该通过推动通关手续简化和改善边境贸易条件来让这种非正式贸易逐步走向"正式化"，并且充分发挥其对边境地区减贫的作用。

  首先，在手续简化方面，为了简化刚果民主共和国与布隆迪和卢旺达之间的跨境手续，让更多跨境贸易商从事正式的粮食贸易，以发挥其对于整合三国粮食市场的作用，刚果民主共和国政府通过立法规定只有海关、移民、公共卫生和质量控制部门在边境地区参与过境手续办理，并且海关部门也制定了手续简化程序，

---

① 东非共同体包括肯尼亚、乌干达、坦桑尼亚、布隆迪、卢旺达、南苏丹六个成员国。（资料来源：https：//baike.baidu.com/item/东非共同体/1773210？fr=aladdin。）

② 东南非洲共同市场包括21个成员国，分别是：布隆迪、科摩罗、吉布提、刚果民主共和国、埃及、厄立特里亚、埃塞俄比亚、肯尼亚、利比亚、马达加斯加、马拉维、毛里求斯、卢旺达、塞舌尔、苏丹、索马里、突尼斯、乌干达、赞比亚、津巴布韦、斯威士兰。（资料来源：https：//www.comesa.int。）

③ Brenton P., Isik G. (eds) *De-fragmenting Africa: Deepening Regional Trade Integration in Good and Services*, The World Bank, 2012, p. 26.

以减少小型或个人贸易商的过境手续。虽然在与卢旺达、布隆迪接壤的很多边境地区仍然没有全面实现跨境手续的简化，但当前的努力已经取得了一定的效果。①

其次，由于长期冲突造成很多边境管理部门的官员对邻国的贸易商持有偏见，并且对个人或小型贸易商进行羞辱和索贿，大湖地区的多国海关在跨境公路过境点对管理人员进行培训并实施绩效改革，将对小型或私人贸易商，特别是女性贸易商的过境审查情况纳入业绩考核和晋升制度。例如，塞内加尔海关通过"月度雇员计划"将贸易商审查与办理情况作为非财务奖励，使其成为晋升的重要依据。此外，还设立了独立的投诉办公室，在发生针对贸易商的骚扰、索贿等情况时，可以依据边境摄像头或监视器等的记录对官员进行投诉。②

与此同时，在基础设施改善方面，大湖地区的多个国家在跨境公路过境点对海关、移民、检验检疫部门使用的建筑物等进行了修缮和新建，为官员和贸易商提供了一个开放且透明的过境手续办理区域，并且通过架设边境防暴摄像机、地磅摄像头等来减少贿赂和骚扰的发生。③ 与此同时，还增设一些引导和卫生服务设施，以实现对大型车辆和小型车辆、人流的分流，并且为过境的妇女和儿童提供基本的卫生服务。④

三　跨境基础设施发展中的非正式贸易监管合作要点

对于大多数经济不发达国家来说，跨境基础设施发展所带来的贸易条件改善可以说给很多区域内的贸易商，尤其是边境地区的个人或私人贸易商带来了巨大的商业机会，促进这些人员更自由地跨境流动将带来巨大的经济和社会效益，其中包括邻国市场

---

① Brenton P., Isik G. (eds), "De-fragmenting Africa: Deepening Regional Trade Integration in Good and Services", *The World Bank*, 2012, p. 30.
② Ibid., p. 29.
③ Ibid., p. 31.
④ Ibid., p. 30.

的连接、边境地区减贫、边境产业的发展等。然而，由于非正式贸易行为可能混入走私等违法行径，因此对于非正式贸易监管的合作除了要严厉打击非法行为外，还有必要重视以下几点。

（一）提高对小型或个人贸易商重要性的认识

由于政治和社会原因，很多不发达国家的政策制定者、海关、移民等部门对小型或个人贸易商的重要性并没有充分的认识，甚至把这些人视为索贿的主要对象，这意味着各级官员并没有意愿为改善这些贸易商的过境条件而努力。因此只有各国的官员都对这些小型贸易商的重要性有充分的认识，才能从根本上获得实施科学监管的动力。为此，各国领导者必须在对小型贸易商作用和处境有充分认识的情况下，通过合作制定一个政策框架来促使边境管理相关机构扭转对小型贸易商的看法，进而针对跨境基础设施的发展情况，在相关口岸和边境地区管理部门中实施相应的监管办法修订，对有利于边境贸易发展和扶贫的小型贸易商活动提供便利，同时对危害公共安全的走私、贩毒等行为予以严厉打击，以逐步形成规范化的小型贸易商过境审查与服务体系。

（二）提高小型或个人贸易商的贸易能力

虽然海关等边境管理部门的腐败和监管的不透明在很大程度上是非正式贸易行为滋长的重要原因，但小型贸易商个人贸易能力的缺乏也是不能忽视的问题。由于很多不发达国家的大多数非正式贸易商并没有接受过基本的教育，加之获取信息方式落后，并不能很好地理解边境贸易政策和正确地办理过境手续，导致很多人无意间成为"走私者"。因此，要想充分发挥这些小型或个人贸易商对经济发展和跨境基础设施效益实现的重要作用，各国间就必须在扶贫、边境社区管理、教育等部门间开展合作，明确各方的职责，对基本的贸易政策、过境手续等进行宣传和讲解，并对小型贸易商进行相应的组织，让他们能够熟知过境规则，提高贸易能力。例如，在过境点设置引导员来分批集中审查和办理小型贸易商的过境手续，并组织其进入边境免税贸易点进行交易。

（三）相关基础设施的配套

对于大多数的小型贸易商来说，由于资金的限制，并不能严格按照运输标准化中的交通运输工具要求来进行运输，因此为了让小型贸易商能够利用跨境基础设施并顺利过境，应当在跨境基础设施设计和建设过程中充分考虑他们的需求，建设和设置诸如集中转运站、个人或小型贸易商过境检查通道等基础设施。与此同时，为了推动监管的透明化和反腐败，防止小型贸易商，特别是女性贸易商遭受索贿、性骚扰和人身伤害，应该充分发展过境点的监视系统，建设监视基础设施。此外，为了能够让文化水平较低的贸易商能够快速办理过境手续，各国政府之间应该在贸易商集中的边境社区中设立远程申报设施，并设置专职或兼职的指导员，一方面避免小型贸易商由于不了解程序和填报困难造成错报或过境点拥挤，另一方面也有效避免过境中行贿行为的发生。

本章小结

贸易发展是区域一体化的关键性议题，而跨境交通基础设施的发展则是促进贸易的重要基础。然而，跨境交通基础设施所直接带来的运输硬件改善并不是降低交易成本并且确保各类跨境贸易者有效获得自由贸易利益的充分条件，相反其经济与社会效益的实现有赖于区域内各国就贸易便利化所开展的合作，而通关便利化、运输标准化和非正式贸易监管则是合作的核心内容。

为了确保跨境交通基础设施的高效和平稳运行，并且充分发挥其促进贸易的作用，包括跨境手续简化、清关效率提高和过境设施与服务改善的通关便利化必不可少，而为了在不同国家间开展通关便利化合作，必须基于跨境交通基础设施的发展情况和建设进度，建立不同国家海关、边境管理相关部门的信任与合作关系，令跨境贸易服务与跨境基础设施的运输要求相匹配，同时积极推进跨境贸易的数字化。

为了确保各国货物和人员能够在跨境运输基础设施上高效和安全地运行，并且满足不同国家对跨境运输共同管理的需求，各国就必须针对跨境交通基础设施的发展规划在运输基础设施建设标准统一、交通运输工具标准统一和运输承运人资格认证方面开展合作，通过与各国国内标准与需求对接、结合通关便利化计划和实施进展以及协调运输标准化进程来开展合作。

由于过境程序复杂、贸易成本高昂、海关及边境部门腐败和规制缺陷所引发的非正式贸易虽然对区域贸易环境和跨境交通基础设施发展带来了极大的负面影响，但它对很多发展中国家的减贫和市场连接起到了重要作用。因此，为了能够让整个区域都享受到跨境交通基础设施发展所带来的益处，各国应该在海关与边境管理部门反腐败、建立边境减税或免税贸易市场、简化个人或小型贸易商通关手续方面开展合作，充分提高对小型或个人贸易商重要性的认识、提高小型或个人贸易商的贸易能力，并在跨境交通基础设施发展过程中注重相关基础设施的配套。

第 七 章

跨境基础设施与区域减贫合作

消除极端贫困与饥饿作为联合国千年发展目标（Millennium Development Goal）的组成部分之一①，其不仅包括贫困人口的收入提高，还包括就业机会的提供和生活条件的改善。跨境基础设施作为区域一体化的组成部分，它的发展目标在于通过为区域提供跨境基础设施服务而促进区域的经济发展和社会进步。那么，跨境基础设施的发展是否能够有助于区域贫困问题的减轻？它们之间有着怎样的联系？又该如何通过跨境基础设施合作来实现减轻贫困？针对这些问题，本章将基于跨境基础设施与贫困减轻之间关系的分析，分别从创造就业、劳动力流动和跨境人口治理三个方面结合案例来对跨境基础设施合作中的贫困减轻问题展开探讨。

第一节 跨境基础设施发展中的区域减贫

虽然在20世纪90年代学界对基础设施的减贫作用存在争议，但通过全球的实践证明，在一定的政治环境和国家体制之下，基础设施对于减贫有着重要作用。② 作为区域"俱乐部产

---

① UN. Goal 1: Eradicate Extreme Poverty & Hunger, https://www.un.org/millennium-goals/poverty.shtml.

② Ifzal Ali, Ernesto M. Pernia, "Infrastructure and Poverty Reduction——What is the Connection?", *ERD Policy Brief*, No. 13, January 2003, p. 2.

品",跨境基础设施所带来的受益范围已扩展至整个区域,因此其在减贫方面所起到的作用应是超越国界的,而这离不开各成员国之间的合作。为此,以下将基于对跨境基础设施与区域贫困减轻之间关系的分析,对跨境基础设施中的跨国减贫合作内容进行分析。

一 跨境基础设施发展对区域贫困减轻的作用

虽然世界上大多数国家将贫困定义为缺少经济收入,但英国牛津大学的贫困与人类发展倡议(Oxford Poverty & Human Development Initiative,OPHI)认为贫困是多维度的,贫穷的人可能同时面对健康状况不佳或营养不良、缺乏清洁的水或便利的电源、工作环境差或受教育程度低等问题,在该机构与联合国发展计划合作推出的多维贫困指数(Multidimensional Poverty Index,MPI)中,贫困被从健康、教育和生活水准三方面进行衡量。[1] 从这一点来看,不论是对一个国家还是一个地区,仅仅是关注收入提高并不足以解决贫困问题,而跨境基础设施却至少能够在以下三个方面有利于区域内国家的贫困减轻。

(一)创造就业机会

跨境基础设施的发展增加了所覆盖区域内人们从事创收经济活动的机会,而这主要体现在直接和间接就业机会的创造两方面。首先,跨境基础设施的建设和运营将带来大量的就业机会,区域内特别是设施沿线从事非农产业和农业生产的贫困人口都将有机会在居住地或异地获得这种就业机会,进而令他们通过获得工资来提高收入。其次,由于跨境基础设施的修建,可以令其覆盖地区中的居民更容易通过与邻国相连的过境线路或设施更便捷地获得基础设施服务,促使一些贫困人口能够加入区域农产品贸易等经济活动,这不仅将有利于增加收入,也

---

[1] OPHI. Global Multidimensional Poverty Index, https://ophi.org.uk/multidimensional-poverty-index/.

将间接创造就业机会。例如，跨国交通基础设施在修建期间将创造大量的对技能要求不高的工作岗位，而这给沿线的贫困人口带来了直接的就业机会；在设施修建结束后，不仅部分工人能够通过技能培训等继续在设施的维护和运行环节获得工作机会，设施沿线或与设施相连区域的贫困人口也可以进一步由于运输便利程度的提高而发展农产品贸易、异地务工等。当然，这种效果的产生与支线道路等补充性基础设施的建设和跨境基础设施使用成本有关。

（二）降低生产成本

对于大多数国家来说，农村地区仍然是贫困人口的聚居地，农业仍然是主要的收入来源，而对于一个区域来说，跨境基础设施的发展对从事农业生产的贫困人口来说，不仅可能因为交通成本等的降低，令他们可以用更低的价格购入生产所需的原材料，而且可以让他们更容易进入区域的农业贸易市场中，并以更高的价格卖出自己生产的农产品。另外，由于跨境基础设施的发展将减少跨境旅行时间和成本，进而有益于劳动力的跨国或跨区域流动，这无疑将有利于人力成本高的国家更多地获得低价劳动力，从而降低生产成本，而异地或异国就业的贫困人口也将从工资增加中受益。此外，由于跨境基础设施的修建在很大程度上会推进跨境贸易的发展，而不论是生产原材料还是普通生活用品，都可能由于这种贸易中带来的区域竞争而带来价格的下降，这对于贫困人口来说无疑将有利于降低生产和生活成本，从反方向帮助其增收并改善生活状况。

（三）生活条件改善

对于大多数贫困人口来说，解决非收入贫困的关键一方面在于提高基础设施服务的供给水平，另一方面则在于降低其获取基础设施服务的成本，而跨境基础设施的发展则能在这两方面都起到作用。从跨境能源项目的发展来看，跨境电力基础设施的发展有助于电力紧缺或电力设施不足的国家提高供电水平并降低电费，而这有益于改善公共卫生和教育服务的质量，以减轻贫困人口在健康和教育方面的贫困问题，并且对于那些没有经济实力进行能源开发的国家来说，跨境能源基础设施的合作不仅可以给其带来获取能源的机会，也能够有助于其实现污染的减少。此外，诸如跨境光纤网络等跨境信息基础设施的发展能够让区域内的贫困人口更便捷、更便宜地获取信息，这不仅能够帮助他们与外界更好地沟通并获得及时的生产和贸易信息，也能够通过远程诊疗、远程学习和电子政务服务等获取更好的健康、教育等公共服务资源，以帮助其摆脱非收入贫困。

二 跨境基础设施发展中的跨国减贫合作内容

通过上述跨境基础设施对区域贫困减轻作用的分析来看，相比于针对贫困人口的直接经济援助，跨境基础设施发展带给区域内贫困人口的多样化就业机会和生产、生活条件的改善将更为有利于减少区域内的多维贫困问题。然而，从整个区域的角度来看，由于参与跨境基础设施开发的成员国之间在贫困人口数量与分布、贫困类型与程度、贫困地区资源条件、减贫政策与执行能力等方面存在巨大差异，因此如何让跨境基础设施产生的区域减贫效益最大化，并且各国尽可能公平合理地来分享这种效益就成为必须解决的问题。

从上述跨境基础设施对区域减贫作用的分析可以发现，就项目这一微观层面来说，跨境基础设施主要是通过设施的建造和维护来创造直接就业机会，同时通过改善出行条件和降低出行成本来创造间接就业，以及为区域内的人们提供更好的基础设施服务来助力减贫，而从宏观的层面来说，则是通过基础设施条件的改善促进了区域贸易和产业的发展，进而实现经济增长，实现减贫。然而，由于政府和主管部门的腐败、国家治理体系的薄弱、扭曲的公共投资选择和对贫困群体利益维护的缺失，基础设施对国家经济增长的贡献会得到削减，甚至转移了穷人的利益，让其无法分享到基础设施发展带来的经济发展果实。① 与此同时，由于跨境基础设施供给是以各国的政治合作为基本前提，因此一国很难在合作中对他国的治理体制进行调整，即无法对他国国内如何让穷人切实分享到这种经济发展红利做出安排。为此，本书认为跨境基础设施中的减贫合作更应该着眼于如何让更多的穷人能够从项目中直接受益来开展，而这需要基于跨境基础设施建设与运营对区域内民众的影响（如图7-1所示）来开展。

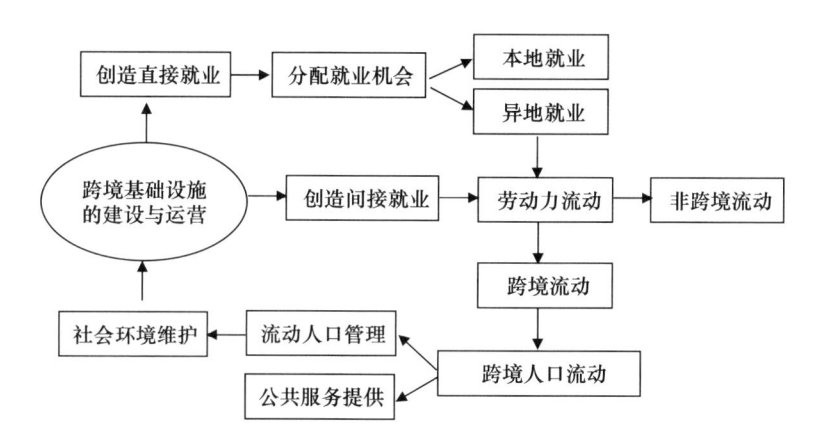

图7-1　跨境基础设施对区域内民众的影响示意图

如图7-1所示，跨境基础设施的建设和运营首先将直接为区域创造大量的就业岗位，而这些就业机会如果能够合理地分配，将会给不同成员国家的贫困人群带来居住地本地或异地的就业机会，这些就业机会不仅将给他们带来收入增加，也将提升大部分人的工作技能和工作经验，而其中异地就业将会带来一定的劳动力流动。同时，另一部分并非直接服务于设施建设和运营的就业机会将随着跨境基础设施投入运营以及补充性和辅助性基础设施的完善而产生，其产生原因在于设施带来的出行成本和时间的节约以及异地工资的吸引，而这将引起劳动力的跨境和非跨境流动。

---

① Ifzal Ali, Ernesto M. Pernia, "Infrastructure and Poverty Reduction——What is the Connection?", *ERD Policy Brief*, No. 13, January 2003, p. 4.

由于劳动力的跨境流动将会不可避免地产生不同国籍人员在不同国家工作和生活的现象，在向他们提供相应公共服务以满足日常生活必需的同时，还应开展流动人口管理以确保社会环境的稳定，令设施能够持续运行。不难看出，为了实现贫困人群能够获得工作机会并且生活质量得到改善，如何分配就业机会、如何调控劳动力流动以及如何开展跨境人口管理应该成为跨境基础设施建设和运营中各成员国减贫合作的主要内容。

第二节　跨境基础设施发展中的就业创造合作

由于跨境基础设施在建设和运营中会产生巨大的劳动力需求，特别是对于一些不需要特殊工作技能的岗位来说，施工企业往往会选择在当地进行招募，而这将给贫困人群带来最直接的就业机会。但由于参与成员国家之间在贫困标准、贫困人口规模、最低工资标准等方面存在差异，因此各国之间必须就提供多少针对贫困人群的工作机会，如何分配这些工作机会以及提供什么样的薪资水平开展合作，以令区域内直接就业效益最优化。

一　跨境基础设施发展中的创造就业合作内容

相比于国内基础设施建设来说，跨境基础设施不仅建设工程量更大，建设时间更长，涉及的地理范围也更广，而这导致其具有更强的创造就业功能，同时也面临着更复杂的就业安排。因为这不仅需要各国政府合作对能够产生的就业规模进行测算，同时也需要对就业机会在空间和内容上做出安排，同时确保这些服务于减贫的就业机会能够给贫困群体带来合理的收入增加和生活条件改善。跨境基础设施中的创造就业合作内容如图7-2所示。

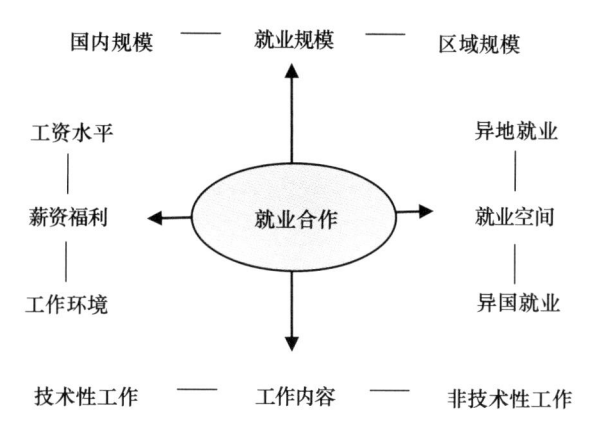

```
国内规模 ——— 就业规模 ——— 区域规模
工资水平                          异地就业
    |                              |
薪资福利 ←—— ( 就业合作 ) ——→ 就业空间
    |                              |
工作环境                          异国就业

技术性工作 ——— 工作内容 ——— 非技术性工作
```

图 7-2　跨境基础设施中的创造就业合作内容示意图

如图 7-2 所示，为了能够全面合理地在跨境基础设施中开展创造就业的合作，为所处区域的贫困人群带来匹配的且能够切实提高收入的工作机会，本书认为各成员国政府和相关部门、公众和区域性机构之间应围绕以下四方面开展合作。

（一）就业规模的测算

作为开展就业合作行动的基础，就业规模的测算主要是指对跨境基础设施项目能够为整个区域和各个国家创造多少就业机会进行测算，这其中不仅包括对就业总量的测算，也包括对就业如何在各国之间分配进行的测算，特别是对服务于贫困人群的工作机会数量进行估计，因为这本质上也是项目能够通过创造就业实现贫困人口增收效益的体现。为了完成这一测算，不仅需要各国政府和主管部门结合自身的贫困人口数量和素质情况，通过协商来分配就业数量，同时也需要区域性机构在其中进行协调和支持，以便各方能够对就业规模达成一致意见，为之后的具体就业安排奠定基础。

（二）就业空间的布局

由于跨境基础设施所涉区域内各国在人口聚居和贫困人口地理分布上存在很大差异，因此除了测算就业规模外，就业合作还必须对就业机会的空间分布做出安排，因为项目物理设施建设和运营的区域不一定与所有贫困人口聚居地相邻，为了让更多的贫困人群能够获得工作机会，必须让他们进行异地甚至异国就业，而这种"背井离乡"式的就业不仅会产生交通和时间成本，同时也会给就业地带来提供生活和工作条件的压力，因此需要各成员国政府和主管部门之间基于自身的条件和需求进行协商，形成最为经济和可行的就业空间布局，以便能够产生最优的就业效益。

（三）就业内容的安排

受到经济发展水平和教育制度的影响，跨境基础设施涉及的各成员国在劳动力素质，特别是贫困人口劳动能力和技能方面存在差异，因此除了开展就业规模和空间布局方面的合作外，对于工作内容的安排也必不可少，因为这将决定从事技术性和非技术性工作人数的比例，这不仅决定了整体的人力成本水平，也对很多贫困人口的技能提高有所影响。事实上，在基础设施的修建过程中，很多贫困人口能够获得工作技能教育机会，并且有可能获得长期的工作机会，这无疑也减轻了收入和非收入贫困的问题。但由于这也意味着将投入技能培训成本，因此各国之间需开展经济投入和社会效益的平衡。

（四）薪资福利的统一

为了能够让工作机会带来切实的增收减贫效果，并且最大限度降低人们由于地区或国家间薪资福利差异所带来的异地工作相关问题，例如由于不同工作地区工资差异导致工作的空间安排无法实现，或者由于不满于工资和工作环境的差异而集体停工或抗议，跨境基础设施涉及的各国政府和主管部门之间应该就工资水平和工作环境达成共识，这并不是无条件的同工同酬，而是应该根据工作性质、工作技能要求、工作自然条件等制定统一的工资标准，并且给予工人们相应的日常生活保障以及接受技能培训和获得晋升的机会。

二　中缅油气管道项目中的就业创造合作

中缅油气管道项目是我国参与的重要跨境能源基础设施项目，

是中国企业"走出去"的样板工程,也是我国"一带一路"建设的经典范例之一。①中缅原油管道起于缅甸西海岸皎漂港东南方的马德岛,天然气管道起点则位于皎漂港,天然气管道与原油管道平行铺设,经缅甸若开邦、马圭省、曼德勒省和掸邦,从云南省瑞丽市进入中国,缅甸境内段长793公里,中国境内全长1727公里,工程于2010年开工建设,2017年3月全线开通,截至2019年12月31日,累计向中国输气246.561亿立方米,为缅甸提供天然气40.788亿立方米,累计向中国输油2571.11万吨。②

缅甸经济发展长期滞后,贫困问题十分严重。根据国际货币基金组织的预测,缅甸2019年人均GDP为1394.86美元,仅为中国的七分之一(中国2019年人均GDP为10098.54美元)。③根据亚洲开发银行的统计,缅甸2015年有32.1%的人生活在国家贫困线之下,在就业人口中有6.2%的人日均购买力在1.9美元以下。④为此,在项目建设过程中,中缅双方不断就就业问题展开合作,希望通过提供大量直接和间接就业机会来惠及更多缅甸的贫困人群。自项目启动至2019年4月,项目方与226家缅甸本土企业合作,缅甸当地用工累计达到290万人。进入运营稳定期后,管道运营公司雇用当地员工900多人,雇佣本土化率已达到78.5%。⑤

除了以上提供的直接就业机会外,中缅双方还就建设物料和服务的采购达成合作,在工程建设期间,缅甸境内涉及钢铁、建筑、设计、运输、通信、医疗、餐饮等行业的大量企业成为建设物资和服务供应商,不仅企业得到了发展,也间接创造了大量就

---

① 李晨阳、卢光盛:《缅甸:2009年回顾与2010年展望》,《东南亚纵横》2010年第4期。
② 潘寅茹:《中缅天然气管道缅甸段开始向中国输气》,《大陆桥视野》2013年第8期。
③ 数据来源:https://www.imf.org/external/pubs/ft/weo/2018/02/weodata/download.aspx。
④ 数据来源:https://www.adb.org/countries/myanmar/poverty。
⑤ 周太东、蒋希蘅:《中缅油气管道:"一带一路"多方共建典范》,《中国经济时报》2019年4月25日。

业机会。此外，项目还通过不同的方式提高了缅甸当地工人的职业技能，让很多人获得了长期就业的机会。例如，缅甸若开邦皎漂马德岛港一名 26 岁的缅甸小伙佐列只身加入了应急抢修队伍，在中国师傅的悉心教导下，不仅掌握了焊接高压管道的技能，还积极地尝试学习钳工、电工等维修技能，成为一名优秀的焊工。①而他的同事，35 岁的登梭，目前在中缅油气管道项目马德岛皎漂管理处当司机。因为很早就加入了项目建设，他把家从农村搬到了这个港口城市，从此定居于此。② 2010 年完成了机电一体化专业学习之后纳温加入了中缅油气管道项目，刚进入项目时他对管道运行并不是很了解，对中文也是一窍不通。项目方特地安排他和 60 名缅甸籍雇员到仰光外国语大学学习中文，还安排他到西南石油大学学习管道工程知识，在完成学习后他成为曼德勒分输站的一名管道管理人员。③

三 跨境基础设施发展中的创造就业合作要点

作为跨境基础设施减贫效应实现的最直接途径，创造就业不仅事关项目区域内公众，特别是贫困人群的收入增加，也与项目获得公众支持息息相关。基于对中缅油气管道项目中就业合作实践的分析，本书认为跨境基础设施中的创造就业合作要点主要有以下三个方面。

（一）实现多层次合作

如上所述，由于跨境基础设施的建设和运营涉及不同的国家，而每个国家在经济发展水平、贫困人口的分布和数量以及贫困标准和就业能力方面存在差异，因此创造就业的合作不仅需要国家政府间进行合作，给予相应的政策支撑和协调，同时也需要联合

---

① 《师徒共同谱写"一带一路"上中缅"胞波"情》，2019 年 4 月 16 日，中国新闻网（http://www.chinanews.com/sh/2019/04-16/8811112.shtml）。

② 周太东、蒋希蘅：《中缅油气管道："一带一路"多方共建典范》，《中国经济时报》2019 年 4 月 25 日。

③ 《缅甸小伙儿毛帅的中国缘》，2019 年 4 月 16 日，中国新闻网（http://www.chinanews.com/cj/shipin/2019/04-16/news812003.shtml）。

各类企业、公共部门、基层社区管理组织来多方位多层次地了解贫困状况,制定切实可行的就业方案,并且在实施中能够结合各方力量来动员、安排和协调就业人员,以达到最为理想的就业结果。例如,在中缅油气管道的建设中,项目方就与项目沿线的村政府、当地的人力资源开发机构、工程承包企业以及培训机构合作开展综合性的人才推荐和选拔,最大限度地让就业意愿和工作岗位相匹配。

(二)注重就业的公平性

为了让所有参与跨境基础设施的成员国都能够受益于其带来的就业机会,在开展多层次合作的同时,各国还必须确保合作的公平性,这种公平性首先体现在对于就业机会的公平分配,这是指应该基于统一的评价办法来进行就业机会的跨境分配。例如在中缅油气管道项目中,项目方根据贫困水平、家庭状况、基本技能等方面的情况来展开缅甸境内的工人招募。作为公平性的另一方面,就业人员的公平待遇则是指不论国籍与地区,项目中的就业者应该有同样的薪资标准和工作环境,这样不仅能够减少工人们的不满情绪,也降低了国际舆论就此而产生的不良言论。例如,在中缅油气管道项目中,中方和缅方在施工现场有着同样的工作守则和奖惩制度,并且在生活条件方面也并无差异。

(三)合作的可持续性

由于跨境基础设施的建设和运营是一个长期过程,因此其就业效益的产生也应具有可持续性,这种可持续性一方面体现在所提供的就业机会应具有可持续性,另一方面则是指合作行动的可持续性。从中缅原油管道项目来看,项目方为缅甸籍员工专门制订了岗位培训计划,他们的岗位从安装、焊接等低技术含量的工种,逐步过渡到高技术工种[1],而这能够帮助他们在获得工作机会的同时提升工作技能,以便于其能够在项目内或项目外获得持续

---

[1] 《中缅油气管道,看胞波合作共赢》,2019年3月26日,搜狐网(https://www.sohu.com/a/303785890_162522)。

工作的能力。为了实现这一目的，在项目建设已经结束的情况下，中缅双方仍然在管道沿线的地区开展职业技能培训，让无法在项目中继续工作的贫困人群获得就业技能提升的机会①，以帮助其获得再次就业和长期增收的能力。

第三节　跨境基础设施发展中的劳动力流动管理

从上一节的分析来看，跨境基础设施的建设和运营将通过直接和间接的方式来为所涉区域中贫困人群提供就业机会，从而增加其收入达到减贫的目的。其中，在异国或异地就业的过程中势必产生劳动力的流动，而这种流动不仅影响跨境基础设施减贫效果在不同国家的体现，同时也影响到区域内各国劳动力的配置。因此各成员国家之间必须通过合作来实现劳动力有序、合法和有益的流动，不仅让跨境基础设施的减贫效益得以实现，同时也让整个区域的经济和社会发展能够受益于劳动力的重新配置。

一　跨境基础设施中的劳动力流动管理合作内容

从上文对创造就业效益的分析来看，跨境基础设施的建设和运营直接产生的就业机会会令一部分劳动力在政府和项目管理者的组织下产生流动，而未获得这种就业机会的人也会由于出行的经济和时间成本减少以及异地工资水平而流向别的地区或国家，这种劳动力流动不仅可能改变各成员国的劳动力供给状况，同时也可能对人口发展、社会稳定产生影响。因此，为了能让整个区域受益于这种流动，本书认为各成员国之间必须就如何管理这种劳动力流动开展合作。跨境基础设施中的劳动力流

---

① 《中缅油气管道为缅甸社会直接贡献近5亿美元》，2020年1月13日，环球时报（https：//world.huanqiu.com/article/9CaKrnKoRxt）。

动管理合作内容如图 7-3 所示。

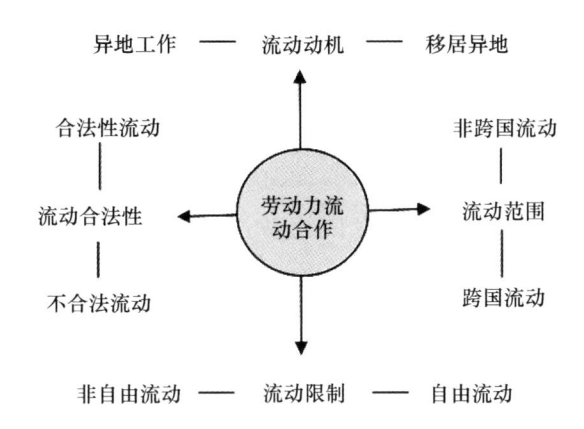

图 7-3　跨境基础设施发展中的劳动力流动管理合作内容示意图

如图 7-3 所示，由跨境基础设施建设和运营产生的异地或异国就业机会而带来的劳动力流动可以从流动范围、流动限制、流动合法性和流动动机四个方面来体现其特点，这些特点也将决定各国之间的合作具体内容。

第一，不论是由于跨境基础设施建设和运行带来的直接就业机会还是间接就业机会，都会引起劳动力的跨国流动或非跨国流动，而这两种流动对国家和区域所产生的影响以及所需的管理措施却是截然不同的。对于跨国流动来说，这不仅会涉及劳动力流动过程中各国移民和就业政策的协调，还会涉及对流入国劳动力市场影响的控制问题，因此各国之间必须对如何管理跨国流动劳动力展开合作，在减小对流入国诸如劳动力价格恶性下降等负面影响的同时，也让流出国的劳动力能够实质性的增收。特别是对于那些利用跨境基础设施创造的间接就业机会的人来说，由于缺少了项目组织的保护，很可能会产生盲目的流动并开展恶性竞争，最终不但没有获得增收的机会还带来了经济和心理的损害。对于非跨国流动来说，虽然在管理主体上不需要跨国合作，但国内的合作仍然十分必要，这是由于国内的劳动力流动会影响到国内各地区之间经济发展的平衡。

第二，鉴于劳动力流动可能给国家劳动力市场和劳动者本身带来潜在的威胁，为了确保劳动力的流动有序且有益于区域各国经济发展和国家之间的长久合作，跨境基础设施合作的各成员国之间应该就是否需要和如何设置劳动力流动限制展开合作，即在自由流动和非自由流动之间做出安排。虽然劳动力的自由流动给劳动者带来了自由选择的权利，但对于国家治理能力不足、劳动力市场管理制度不完善的国家来说，不论是劳动力流出还是流入都将带来巨大的挑战。例如，贫困人群受到邻国高工资的吸引而产生异国就业，但由于邻国对于外籍劳工的工资管理并不规范，导致这种异国就业并未能取得减轻收入贫困的作用。在这种情况下，国家之间有必要就劳动力流动限制展开合作，有选择性地开展劳动力输出或输入，在积极利用跨境基础设施带来的就业机会的同时也尽可能保障本国的异国就业者权利实现和本国劳动力市场的稳定，并且减少相关国际争端发生的可能性。

第三，如果说关于流动限制的合作是对于劳动力流动数量的控制以及优化配置，那么关于流动合法性的合作则是对劳动者合法身份以及异地生活保障获取的合作。由于跨境基础设施的修建令跨境旅行更为容易，因此很多劳动者都希望到工资水平较高的地区或国家工作，这其中也包括很多低技能的劳动者，而这些劳动者可能由于得不到他国或区域通行的技能认证而无法获得正式的务工身份，从而缺少劳动保护，甚至遭受到雇佣者体力和精神的压迫，这种结果显然是与减贫相悖的。因此，各成员国之间有必要在如何进行工作技能认证、如何办理合法工作许可或签证、如何保护他国劳动者、如何通过跨境基础设施运行中的监控手段来减少非法流动等方面展开合作，以促进劳动力在本区域内的合法流动，减少非法用工的出现。

第四，对于很多异地务工者来说，增加收入仅是进行流动的一个目的，对生活条件的改善才是更为重要的原因。然而，由于生活条件的改善有赖于国家政府对基础设施的投入，因此当他们发现原居住地的生活条件很难通过异地务工的增收来解决时，便会选择移居异地或移民外国。在这种情况下，接受移民的地区或国家往往会面对人口增加所产生的医疗、教育、公共设施供给压力，而移民也可能会由于身份和收入问题得不到相应的公共资源而陷入新的贫困境地，而这一问题的解决必须要基于跨境基础设施各成员国之间的合作来实现，其合作内容除了涉及移民管理外，更多的是考虑如何通过政策和经济手段来调节移民的数量以及平衡各国之间的劳动力供给，因为一味放任劳动力流出且定居他国不仅将给流入国带来巨大的社会压力，同时也将令流出国面临劳动力短缺的威胁进而影响经济发展，这两方面显然都不利于区域的发展。

二 大湄公河次区域跨境公路发展中的劳动力流动管理合作

自 20 世纪 90 年代初亚洲开发银行提出了大湄公河次区域经济合作计划之后，整个次区域的跨境基础设施得到了全面的发展，尤其是多条跨境公路的开通，不仅促进了区域内各国之间的贸易往来，同时也加大了跨境劳动力流动的规模。为了能够对区域内的劳动力流动进行管理，大湄公河次区域开展了全球、次区域和国家层面的劳动力流动管理合作。

首先，大湄公河次区域各国在亚洲开发银行的指导下，通过与一些国际组织合作来开展劳动力保护和流动管理。例如，大湄公河次区域各国与国际移民组织（International Organization for Migration，IOM）合作，在柬埔寨、老挝、泰国和越南开展劳动力移民计划，在推进以区域一体化为目标的专业技能人才自由流动的同时，也积极就劳动力异国就业保护等内容开展行动。在就业者保护方面，通过与国际劳工组织（International Labor Organization，ILO）和联合国合作，通过 UNIAP（United Nation Inter-Agency Project on Human Trafficking）这一以反人口贩运为核心的全球监测系统并且加入《保护 GMS 移民免受劳工剥削的三方行动》（*Tripartite Action to Protect Migrants within and from the GMS from Labor Exploitation*）来加强跨境劳动力市场的招聘规范以及改善跨境劳动力工作环境。此外，该项目还致力于加强政策建设，促进包括招聘机构、民间组织和跨境工作者各方之间的合作交流，并向潜在的跨境劳动力提供就业指导和帮助①。值得一提的是，为了保证女性跨境劳动力的权益，联合国妇女署（UN Women）在大湄公河次区域的跨境女性劳动力保护方面提供了大量的帮助。

其次，在次区域合作方面，大湄公河次区域的六国政府建立了《湄公河部长级打击人口贩运协调协议》（*Coordinated Mekong Ministerial Initiative against Trafficking*，COMMIT）②，从而开启了国家层面流动劳动者保护的合作之路。与此同时，湄公研究所（Mekong Institution）③ 以及湄公河移民网络（Mekong Migration Network，MMN）④ 等次区域组织也对劳动力流动管理起到了很大作用。前者目的是促进区域内标准化和按需的人力资源开发。后者是一个由支持移民的非政府组织、草根组织和研究机构组成的次区域网络，该网络旨在促进次区域内对移民权利的承认和保护。与此同时，整个次区域的非政府组织也在积极推动流动劳动者权利保障行动。例如，由 30 余个非政府组织建立的移民非政府组织网络（Migration NGO Network，MNN）就积极从事反劳动力贩运的工作⑤。

最后，在国家层面，各国主要通过签订双边劳动力雇佣备忘录和跨境工作者保护立法来对跨境劳动力流动进行管理。例如，泰国分别于 2002 年 10 月、2003 年 5 月和 2003 年 6 月与柬埔寨、老挝和缅甸签署了一项关于雇用工人的合作谅解备忘录⑥。同时，

---

① ADB, Facilitating Safe Labor Migration in the Greater Mekong Subregion, 2013, p. 27.
② 详细信息可参见 http：//www. no-trafficking. org/commit. html.
③ 详细信息可参见 http：//www. mekonginstitute. org/.
④ 详细信息可参见 http：//www. mekongmigration. org.
⑤ ADB, Facilitating Safe Labor Migration in the Greater Mekong Subregion, 2013, p. 29.
⑥ Ibid. , p. 31.

泰国政府还对三个邻国的工人技术资格认证政策做出调整，实现了跨国的技术资格获取。缅甸方面，劳动部建立了职业介绍所，为各乡镇、各劳动部门的用人单位和劳动者提供免费的就业服务，同时还开办本地及海外工人培训中心，进行海外就业服务管理。此外，为了保障国民以及流入劳动力的健康，多个国家都对流出劳动力和流入劳动力开展了专项的健康行动，例如，柬埔寨在2010年发布了一份关于艾滋病毒、安全流动和柬埔寨工人海外劳工权利的官方通告《Prakas 108》[①]。该通告旨在促进跨境流动劳动力在离境前接受卫生问题、安全跨境和劳工权利方面的培训，以增加他们的卫生知识。

三　跨境基础设施发展中的劳动力流动管理合作要点

基于上述对跨境基础设施中的劳动力流动管理合作内容以及实际案例的分析可以看出，为了让劳动力流动能够有效贡献于区域减贫，不仅应该充分给予贫困群体异地就业的机会，也应该让这种劳动力流动与区域的经济发展目标和各国的实际情况相匹配，在促进区域劳动力合理配置和劳动力市场发展的情况下，也让异地就业群体得到收入提高和生活条件的改善。为了实现这些目标，本书认为应该从以下几方面来进行合作。

（一）建立区域跨境就业引导和跟踪监测体系

为了能够充分了解劳动力跨境流动的规模、流向、流动目的等情况，同时掌握异地就业人员的分布和工作状况，跨境基础设施所涉及的各成员国可基于自身的劳动力管理体系以及边境人口流动信息系统来建设区域跨境就业引导和跟踪监测体系，这一体系在对劳动力流动特征进行监控的同时，也可以基于对各国劳动力市场和用工需求的情况，提出就业引导，让具有异地就业意愿的劳动者能够找到与自身劳动技能相匹配并且收入和生活环境有保障的工作，这样不仅能够提高就业效率，同时也能够

---

① ADB, Facilitating Safe Labor Migration in the Greater Mekong Subregion, 2013, p.30.

通过政府对企业形成用工监督来一定程度上减少跨境非法用工现象的产生。

(二) 开展职业技能的跨国认证和就业技能指导

对于到异地就业的劳动者来说，除了获得收入外，获取和提升劳动技能可以说是另一大目的。然而，由于国家间职业技能评价体系的差异，会导致很多在原籍国获得的职业技能认证无法用于异地求职，不但导致其无法获得应得的工资收入，甚至还需要花费额外的时间和精力去重新考取职业资格证书。为了解决这一问题，欧盟和东南亚部分国家已经开始了跨国职业技能认证的探索，这一行动不仅包括建立统一的职业技能评价办法和评价标准，同时也包括不同国家间劳动部门协调机制的建立。与此同时，为了能够推进区域性职业技能认证，欧盟还联合各国的职业技能培训机构，对来自不同国家的人员开展就业技能指导，让异国就业者能够在获得就业机会的同时也找到自身的职业定位。

(三) 构建区域性劳动保护的法律合作框架

为了确保上述两项合作的合法性以及获得国家政府的授权和支持，构建区域性劳动保护的法律合作框架就显得十分有必要。这一法律框架是在尊重各国劳动保护立法的基础上形成的、适用于跨境基础设施所涉及的所有成员国的劳动力保护法律依据，它不仅对跨国就业者获得收入和工作条件、获得晋升和职业技能提高机会、职业技能认可提供法律保障，同时也对各国相关主管部门之间的合作和协调、私营机构的参与、各国的劳动力市场保护政策推行以及区域性共同劳动力市场形成和管理等提供法律支撑。在这一方面，东盟和欧盟分别通过自愿和立法的形式做出了积极尝试，例如《东盟自然人流动协定》(*The ASEAN Agreement on the Movement of Natural Persons*，*AMNP*)、《东盟保护和促进移民工人权利宣言》(*The ASEAN Declaration on the Protection and Promotion of the Rights of Migrant Workers*)、《东盟保护和促进移民工人权利共识》(*ASEAN Consensus on the Protection and Promotion of the Rights of Migrant Workers*)。

第四节 跨境基础设施发展中的跨境流动人口管理

如上所述,跨境基础设施的发展能够通过直接和间接地创造就业机会以及促进劳动力的流动给区域的贫困人群带来了增加收入和改善生活条件的机会,同时也进一步推进了区域一体化。然而,由于跨境人口流动会给区域以及区域内的国家带来社会治安、公共卫生、边境安全等方面的挑战,同时流动人口也会面临无法获得充足公共服务和相应社会保障的窘境,因此对于跨境流动人口的管理不仅事关流动人口减轻非收入贫困,同时也对基础设施的顺利建设和运行有重要影响。

一 跨境基础设施发展中的跨境流动人口管理合作内容

由于跨境基础设施涉及的各成员国在教育、医疗等公共服务供给能力上存在较大差异,加之公共服务的供给制度存在不平等现象,很多国家的贫困人口都未能获得相应的受教育机会和医疗资源,特别是在不发达国家,贫困不仅代表着缺乏经济收入,也意味着受教育水平、劳动技能和健康保障的低下。因此当这些贫困人群为异地就业而产生流动时,不仅将威胁到跨境基础设施的建设和运行,也将对整个地区的社会安全带来隐患。为此,各国联合起来对跨境流动人口进行管理不仅是对跨境基础设施带来的负面影响的消减,同时也是对区域内人口素质的提高和非收入贫困的减轻。跨境基础设施中跨境流动人口管理的合作内容如图7-4所示。

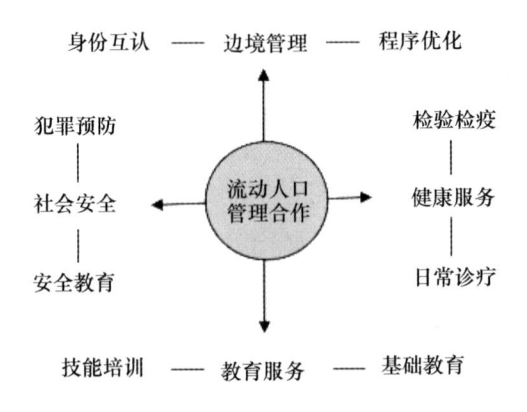

```
         身份互认 —— 边境管理 —— 程序优化
                      ↑
   犯罪预防           检验检疫
      |              |
   社会安全 ←—  流动人口  —→ 健康服务
      |         管理合作     |
   安全教育           日常诊疗
                      ↓
         技能培训 —— 教育服务 —— 基础教育
```

图 7-4 跨境基础设施发展中的跨境流动人口
管理合作内容示意图

如图 7-4 所示，为了能够最大限度地保障跨境基础设施建设和运行中所涉区域的公共安全，并且有效改善跨境流动人口特别是贫困人群的生活质量，本书认为各成员国之间应该开展以下四方面的合作。

(一) 跨境流动人口的边境管理

在跨境基础设施建成后，便捷的跨境交通条件以及异国就业机会的吸引会让更多的人跨越边境，而这无疑会给边境管理带来两类压力，一类压力是来源于过境人数的增加，另一类压力则来自过境人员带来的公共安全威胁，特别是对于跨越两国边境的国际性边界城市来说，将会给边境管理带来相当的难度。从当前全球的实践情况来看，在不影响劳动力有序和高效流动的情况下，边境管理合作的核心任务主要包括身份互认和程序优化两方面。其中，身份互认主要是指通过邻国或多个国家之间就某些开展跨境就业的人员给予标准一致的共同认证，让这些劳动者能够持有认证通过边境并获得合法的身份，这样不仅可以过滤掉一部分非法跨境务工人员，同时也能提高过境效率。程序优化则是指通过国家间的合作实现信息互联，让办理过境的管理人员快速掌握申请人的信息，在提高办理效率的同时也对跨境务工人员的动向有充分的掌握,以便于开展公共安全、公共卫生和就业追踪等方面的工作。

(二)向跨境流动人口提供健康服务

对于很多不发达国家的贫困人群来说,由于国家医疗服务体系的不健全和医疗资源的短缺,很多人都没有能够得到充分的传染病疫苗接种、健康检查、健康常识教育等方面的医疗服务,而这类人在跨境流动过程中就可能成为疾病传染的载体,从而加大了工作国家的医疗负担。因此,为了尽可能减少疫病的跨境传播并且提高跨境劳动者的身体素质,跨境基础设施所涉及的国家之间应该就检验检疫和日常诊疗开展健康服务合作,同时通过购买异地医疗保险或进行补贴的方式来确保跨境流动人口能够获得相应的健康服务。具体来看,检验检疫的合作内容包括在跨境前进行他国认可的身体检查、允许异地接种疫苗、开展定期身体检查,并且就健康证明进行互认。日常诊疗则包括异地常规疾病的无差别就诊、医疗转运的快速通道等,以及在跨境基础设施运行线路及周边进行传染病防治宣传。

(三)向跨境流动人口提供教育服务

由于很多不发达国家的贫困人群在本国无法获得基础教育和技能培训的资源和机会,因此这些低技能劳动者能够让雇用者获得人力成本上的实惠,但其就业技能的欠缺和个人素质的低下却会增加管理成本。为了能够让这些低技能劳动者获得基本素质和就业技能方面的提升,并降低企业的管理成本增加用工的可持续性,教育服务的跨境合作成了跨境流动人口管理的必要内容。其中,基础教育主要是指对跨境流动人员进行基本生活常识的教授,让他们能够在更好开展工作的同时也快速适应异国的生活,例如在跨境基础设施的建设中很多来自不同国家的工人都会进行统一的语言培训,让他们能够尽快实现无障碍沟通。技能培训则主要是基于劳动者的工作内容进行技能的提升,让他们能够在提高工作效率的同时,获得一门可以谋生的技术,以便帮助他们获得持续减贫的能力。

（四）确保边境社会安全

虽然通过上述的边境管理和劳动力流动的限制能够很大程度上减少由于跨境人口流动带来的非法务工和非法用工问题，但仍然没有办法完全杜绝跨境贩毒、贩卖人口、走私、卖淫等问题，而这些问题虽然来自跨境流动人口，但同时也威胁着流动人口的人身财产安全。因此，为了最大限度地减小由于跨境基础设施修建而带来的这些社会安全威胁，各国之间不仅应该就跨国犯罪预防开展合作，同时更应该就跨境流动人口的安全教育开展合作。如果说犯罪预防更多地需要国家政府和公安部门的合作，那么安全教育则是扎根民间的合作。根据大湄公河次区域的实践经验，对跨境流动人口进行社会安全教育不仅能够有效降低该群体参与犯罪的概率并提高其自我保护能力，同时他们也是很好的宣传途径，他们能够以通俗易懂的方式向家人、朋友、工友、路人传播相关知识，并且及时向有关部门报告不良状况。

二 欧盟跨境流动人口教育服务中的合作[①]

自欧盟成立后，保障货物、服务、资本和工人的自由流动一直是其重要的一体化目标。随着欧盟跨境交通基础设施网络的建设，除了一些特殊行业和新欧盟成员国外[②]，越来越多的欧盟成员国公民选择到其他欧盟国家工作和居住，为了能够确保这些跨境流动人口得到无差别的教育，欧盟采取了一系列的行动。

"伊拉斯谟+"（Erasmus Plus）计划（2014—2020年）是始于1987年的"伊拉斯谟计划"（Erasmus Programme）的延续，

---

① 该案例基于 *ECTS User's Guide 2015* 和 *Skills Mobility and Development in ASEAN* 整理而来。[资料来源：（1）European Commision. ECTS User's Guide 2015. Luxembourg：Publication Office of the European Union，2015.（2）Yue，C.，R. Shreshtha，F. Kimura，and D. Ha "Skills Mobility and Development in ASEAN"，in Intal，P. and M. Pangestu，*Integrated and Connected Seamless ASEAN Economic Community*，Jakarta，ERIA，2019，pp. 77 - 95。]

② 经欧盟委员会批准，欧盟成员国可限制公共部门工作和"紧急情况下"向劳动力市场开放，并可对新欧盟成员国公民实施临时流动限制。（资料来源：European Commision. ECTS User's Guide 2015. Luxembourg：Publication Office of the European Union。）

该计划除了进行学生交换外，还将欧盟所有的教育、青年培训和体育计划都纳入其中。通过对学生和教师提供资助，让他们有机会在不同的欧盟成员国接受教育或开展教学活动。这项计划的受资助者可以在另一个欧盟成员国家学习或开展教学活动3个月至一学年，其间可通过原就读学校申请伊拉斯谟助学金，以帮助支付在国外生活的额外费用。来自欧盟37个国家、数千所高等教育机构的数百万欧洲学生参加了伊拉斯谟计划。该计划不仅给予了跨境流动学生以学费上的资助，同时也促进了不同国家间学生的交流，同时也对欧盟的其他国家有了更加深刻的认识。

除了对于跨境流动的学生进行教育资助和学习经历互认的合作外，欧盟还推出了欧洲资格框架（European Qualification Framework，EQF），该行动旨在将欧盟不同成员国家之间的专业技术资格体系进行统一，令整个区域的技术工人和雇主对从业资格有统一的评价体系，同时也对相关教育和培训的标准进行统一。EQF的核心包括1—8的八个参考水平，这些参考水平对学习者理解和掌握的技能进行描述，而国家资格处于中间参考水平，这使得获取国家资格更加容易。在这样的体系下，跨境流动人口，特别是其中的技术工人以及准备进行技术资格考试的人就不必因为更换工作国家而进行重复学习，也可以在不同的国家通过培训获得相应的技能资格水平提高。

为了促进整个欧盟的教育合作以及跨境流动人口获得平等的教育机会，欧盟委员会建立了欧盟信用转移和积累系统（EU Credit Transfer and Accumulation System，ETCS），该系统与伊拉斯谟计划相结合，ECTS学分成为比较整个欧盟和欧洲合作国家高等教育"基于定义的学习成果及其相关工作量的学习量"的标准方法，对欧盟内部的高等教育和基础教育合作和学历互认起到了极大的促进作用，让跨境流动人口能够在不同的欧盟成员国接受具有同质性的教育，并且获得相应的学历。

三 跨境基础设施发展中的跨境流动人口管理合作要点

跨境基础设施建设和运行中涉及的跨境流动人口不仅包括异国就业者,同时也包括异国就业者的家属以及一些在基础设施沿线通过流动经商等方式来谋生的群体,其中甚至包括居无定所者,而这些人不仅是跨境基础设施的利用者,同时也将成为沿线区域甚至整个区域的不安定因素。为了消减这种威胁,一方面应该提高他们的收入和生活质量,另一方面需要开展积极防范,因此本书认为各国之间可以围绕以下三点来开展合作。

(一)建立跨境或区域性社会保险体系

对于很多异国就业者及其家属来说,由于家庭经济基础和收入的限制,很多人并没有经济实力来为自己和家人购买商业保险,而在原籍国领取的贫困家庭生活补助等政府补贴也有可能由于在异国工作而无法继续领取甚至被取消,加之各国在消费水平上的差异,部分贫困人口的生活质量可能并没有因为异国就业而得到改善,当患有疾病、失业或子女无法就学时,只能选择回到原籍重新陷入贫困状态。为了避免这一状况的出现,各成员国之间应该建立跨境或区域性社会保险体系,这一体系并不旨在为流动人口提供日常生活补贴,而是通过与用工单位合作或自愿购买的形式,让流动人口能够获得多个国家共同认可的社会保险,以便于在发生意外时能够获得教育、医疗等方面最基本的保障。

(二)建立跨国基本社会服务获取跟踪监测体系

为了能够确保流动人口在异国获得最基本的公共服务并且生活有所保障,及时而全面地掌握流动人口的基本社会服务获取状况就显得十分关键。然而,由于各国在社会服务供给制度上存在差异,并且社会服务网络也并不相连,因此需要通过基于各国社会服务管理网络以及海关、移民信息网络来构建跨国基本社会服务获取跟踪监测体系。这一体系的建立不仅旨在对流动人口的社会服务获取情况进行掌握,同时也是对整个区域社会服务资源的整合,在面对供给不足和获取困难的问题时,各国相关部门可以基于此网络进行服务的优化配置。在这一方面，欧盟已经在流动人口的交通安全、医疗、教育等方面做出了积极尝试。

（三）建立脆弱群体保护的跨国合作体系

随着跨境流动人口规模的扩大，相关的犯罪问题也逐步显现，而妇女、儿童、老人、残疾人等脆弱群体将成为主要受害者，拐卖妇女和儿童、非法使用童工和残疾人等问题将使这些人群面临严重的生存问题。然而，在区域性或跨境社会保障体系不成熟和不健全的情况下，脆弱群体很可能由于国籍问题而无法获得相应的保护。因此，为了保障流动人口的生命安全并获得基本的生活保障，跨境基础设施涉及的各成员国之间应该开展移民、公安、妇女与儿童保护等部门的合作，通过签署相关协议并形成合作机制，从而为整个区域的流动脆弱群体提供保护，同时也有利于减少相关犯罪的发生。

本章小结

跨境基础设施作为区域一体化的关键内容，它的发展目标在于通过为区域提供跨境基础设施服务而促进区域的经济发展和社会进步，其中也包括对区域减贫的贡献。由于贫困的多维性，跨境基础设施的建设和运行将从创造就业、劳动力流动和跨境流动人口管理三个方面对区域减贫产生影响。

第一，跨境基础设施的建设和运营首先将直接为区域创造大量的就业岗位，而这些就业机会如果能够合理地分配，将会给不同成员国家的贫困人群带来居住地本地或异地的就业机会，这些就业机会不仅将让他们增加收入，也将提升大部分人的工作技能和工作经验。为了将这种由创造就业产生的减贫效应最大化，本书认为各成员国政府间应该基于就业规模、就业空间、工作内容和薪资福利四个方面开展合作，并且在合作中需要在实现公平性和可持续性的同时重视多层次合作组织体系的构建。

第二，由于直接服务于设施建设的就业机会和间接来源于基础设施的就业机会将引起劳动力的跨境和非跨境流动，而跨境流动将会不可避免地产生不同国籍人员在不同国家的工作和生活问题，以及对流入国和流出国劳动力市场，甚至是国家经济发展的影响，因此本书认为各成员国之间应该基于劳动力流动范围、流动限制、流动合法性和流动动机四个方面开展合作，通过建立区域跨境就业引导和跟踪监测体系、进行职业技能的跨国认证和就业技能指导和构建区域性劳动保护的法律合作框架等方面的努力，在实现对劳动力流动有效控制的同时，也让流动劳动者能够获得实际的收入增加和生活条件改善。

第三，由于劳动力在流动过程中其本人及其家庭面临着如何在异地获得基本社会服务的问题，加之人口的跨境流动将会带来一些社会安全隐患，因此为了让流动人口能够在获得工作机会来增加收入的同时也能改善生活条件，并且减少由于跨境人口流动带来的治安隐患，本书认为各成员国之间应该从边境管理、健康服务、教育服务和社会安全方面开展合作，通过建立区域性社会保险体系、跨国基本社会服务获取跟踪监测体系和脆弱群体保护的跨国合作体系来为跨境流动人口提供有效社会服务保障的同时减少区域的社会安全威胁，以确保跨境基础设施的建设和运行。

第 八 章

跨境基础设施与区域公共服务改善

相对于完全依靠市场机制来提供的私人服务而言，公共服务一般是指政府运用公共权力并依托社会公共设施或公共部门、公共资源来提供的服务，其对象是有着公共需求或者共同偏好的消费者群体。① 从这一点来看，基础设施不仅是公共服务的组成部分，同时也是一些公共服务提供的基础。同样，跨境基础设施的修建不仅为所属区域提供了交通、能源、通信等基础性公共服务，同时也将影响到其他公共服务的供给。为此，本章将结合实际案例，对如何在跨境基础设施开发中通过开展文化交流、公共卫生和教育三方面的合作来改善区域公共服务进行探讨。

第一节 跨境基础设施与跨国公共服务合作

虽然从当前的研究来看，不同学者对公共服务的定义并没有形成一致的看法，但对于公共服务的作用则形成了基本一致的观点，即公共服务是为了满足与社会上每个人都有利益关系的公共需求，体现社会上绝大多数人的偏好，保障社会上每个人的最基本福祉。② 从这一点来看，不论是对于国家还是区域来说，公共服务的质量和供给水平都对其社会发展起着关键作用。那么，跨境

---

① 齐海丽:《我国城市公共服务供给中的政社合作研究》，上海交通大学出版社 2015 年版，第 21 页。
② 于凤荣:《论公共服务的本质：秩序与正义》，《理论探讨》2008 年第 2 期。

基础设施作为向所涉区域内国家提供跨境基础性公共服务的基础，其能够对区域的公共服务产生什么样的影响，各国间又该如何开展合作来让其更好地服务于区域内的公共服务改善并实现更多的社会经济效益呢？以下就将对这些问题进行讨论。

一　跨境基础设施与区域公共服务的关系

在现代社会中，公共服务是指政府运用公共权力和公共资源向公民（及其被监护的未成年子女等）所提供的各项服务。它既包括基础设施等有形产品，也包括科学、文化、教育、公共卫生服务等无形产品。[①] 其中，基础性公共服务是指公民及其所属组织从事生产和生活活动所需要的有某种政府行为介入的基础性服务，如供水、供电、供气、交通与通信基础设施、邮政与气象服务等。社会性公共服务是指通过某种政府行为的介入来为公民的社会性直接需求提供的服务，如公办教育、公办医疗、公办福利以及环境保护等。经济性公共服务是指通过某种政府行为的介入为公民及其组织从事经济或生产活动所提供的服务，如科技推广、免费企业咨询服务以及政策性信贷等。[②] 简而言之，公共服务的存在是为了解决公共问题，它是公共利益的体现，它主要通过政府、非营利性组织等具有公共性的主体运用公共权力来为全体公民提供。

结合上述对公共服务本质和分类的阐述来看，跨境基础设施作为区域公共产品，在各成员国的合作下它将为区域内所有国家提供交通、能源或通信等的基础性公共服务，而由于人员、货物的跨境流动，区域内的公众将会产生在异地或流动过程中获得其他公共服务的需求，而这种需求不仅关乎区域内公众社会生活的质量，同时也关乎跨境基础设施的建设和运营，因为如果公众的

---

① 王浦劬、萨拉蒙：《政府向社会组织购买服务：中国与全球经验分析》，北京大学出版社2010年版，第2页。

② 汪来杰：《公共服务——西方理论与中国选择》，河南人民出版社2007年版，第10页。

这种需求无法满足，那么将会降低他们利用设施或进行流动的意愿，同时也会由于公共服务的不足而导致传染病跨境传播等一些公共问题的出现，进而影响跨境基础设施的运行和效益的实现。然而，由于受到经济发展水平和公共服务体系的限制，各国在公共服务的质量和供给方式上存在较大差别，加之各国在某些公共服务供给上存在限制或壁垒，如果不开展各国政府间关于公共服务的合作，那么区域内公众的这种需求就不可能得以满足。

事实上，为了向区域内的公众提供跨境基础设施所直接生产的交通运输、能源供给或通信等公共服务，各成员国政府和主管部门之间势必已经达成了一些合作协议，而这为开展其他公共服务的合作提供了一定的基础。然而，由于其他公共服务供给的相关主管部门并没有直接参与到跨境基础设施的项目修建和运营过程中，因此他们的合作不仅需要在不同国家的主管部门间开展，也需要在本国的相关部门间开展。在开展合作的过程中，由于公共服务具有公共性、公平性、集体性等性质，因此跨境基础设施中的公共服务合作必须以确保区域内的公众尽可能公平地获得公共服务为基本原则，并且以改善区域整体的公共服务质量和供给水平为目标。

二 跨境基础设施发展中的跨国公共服务合作内容

毫无疑问，为区域提供相应的交通、能源或通信服务是跨境基础设施发展的主要原因，而本书的其他章节已经对如何通过合作来实现这一目的进行了阐述。但从欧盟、大湄公河次区域和南美洲的发展经验来看，为了满足流动人口或异地工作者的需求并且实现对这些人群的跨境治理，除了第七章中所阐述的服务于区域减贫的一些公共服务合作外，传染性疾病防治是一项主要的区域性公共服务合作内容。此外，为了增进国家间的信任，减少猜疑和摩擦，以便为跨境基础设施的运行和区域一体化提供更为扎实的文化基础，各类文化交流服务也成为重要的公共服务合作内容。由于教育资源的不公平分配和教育质量的低下，为自己或子女寻求异地求学机会成为很多不发达国家民众移居异国或进行异国就业的主要目的之一，但这并不能从根本上解决区域内教育资源优化配置和教育质量提高的问题，因此一些国家开始尝试通过利用跨境基础设施来开展教育合作，以寻找提高教育质量的新途径。从实践结果来看，不论是公共卫生、文化交流还是教育合作，都在为跨境基础设施的建设和运营提供有力保障的同时，增加了设施的社会和经济效益。其合作的基本内容如图 8-1 所示。

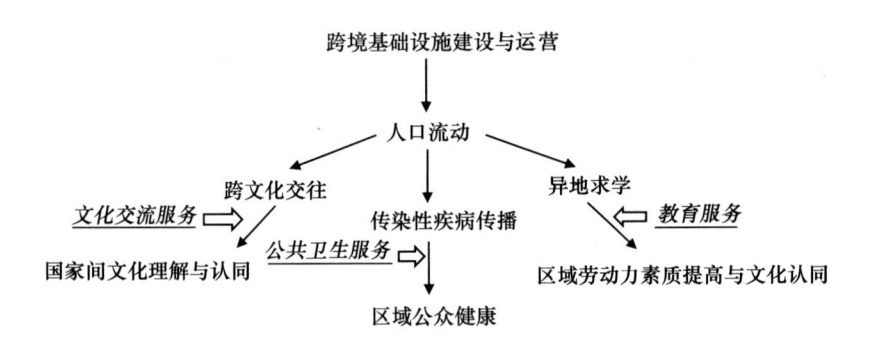

图 8-1　跨境基础设施中的公共服务合作内容示意图

如图 8-1 所示，由于跨境基础设施的建设与运营会导致人口跨境或跨地区流动，而这种人口流动可能会导致传染性疾病的跨国传播、不同文化背景的人员进行跨文化交往以及产生异地求学行为。事实上，除了传染病的跨境传播外，其他两种情况并不一定会给区域公共安全带来危害，因此公共服务合作的目的不仅在于尽可能地减小这些情况给区域安全带来的负面影响，也在于通过合作来提高区域整体的公共服务水平。针对传染病跨境传播的公共卫生服务合作旨在通过国家政府和部门间的合作来开展跨国的传染病预防知识宣传和普及、传染病防控、传染病监测等，在最小化传染病跨境传播可能性的同时，增强各国的防疫能力并有效提高公众健康水平，从而也为跨境基础设施的运行提供了公共健康的保障。由于来自不同国家的人员在利用跨境基础设施到异国进行务工或生活的过程中将产生跨文化交往行为，而这种民间文化交往虽然有利于国民之间建立友好关系，但也有可能产生跨文化冲突的风险。因此相关国家政府和主管部门应当通过提供具有正向引导作用的文化交流服务来加深不同文化背景的国民之间的相互理解和信任，以促进民心相通。对于很多不发达国家的国民来说，虽然异地求学能够有效帮助他们获得更好的教育资源，但迫于异国生活成本和教育资源的限制，很多人并没有条件来实现这一愿望。事实上，由于远程教育技术的逐步成熟和成本的降低，通过利用跨国通信基础设施以合作的形式提供更好的教育服务是具有可行性的，而这种服务将有助于区域劳动力素质的提高和国家间的文化认同。然而，由于不同类型的公共服务在具体的供给机制上有所区别，这导致合作的内容和机制也有所差异，因此下文将结合具体案例对跨境基础设施中的公共卫生、文化交流和教育服务合作内容和要点进行分别阐述。

第二节　跨境基础设施发展中的区域公共卫生服务合作

正如美国国家医学院（Institution of Medicine，IOM）所说的那样，"从病原体的角度来看，全球化令政治国界毫无意义"[①]。作为区域公共产品，跨境基础设施的发展在为区域提供交通、能源或通信服务的同时，也进一步促进了国家间的交往，而这也让病毒的传播更为"便利"。因此，开展公共卫生服务的合作不仅关乎跨境基础设施功能的发挥，也将对区域公共卫生改善有着重要影响。

---

① Institute of Medicine, *Infectious Disease Movement in a Borderless World*, Washington, DC: The National Academies Press, 2010.

一 跨境基础设施发展中的公共卫生服务合作方式

公共卫生服务是由疾病预防控制机构等基本医疗卫生机构向全体居民提供的公益性公共卫生干预措施，其主要作用是疾病的预防和控制。根据公共卫生服务均等化的理念，无论年龄、性别、职业、地域与收入情况，所有的城乡居民都应享有同等的公共卫生服务权利。从这一点上来看，为了令跨境基础设施所涉及区域内的所有居民都能够获得均等化的公共卫生服务，不仅需要各成员国政府之间开展合作并承担相应的成本，同时也需要各国的医疗卫生机构间建立合作机制，而区域性机构则从项目融资、项目技术等方面给予支持。从当前全球的实践经验来看，预防作为公共卫生服务的原则与核心理念，跨境基础设施中的公共卫生服务合作内容目前主要涉及疾病的预防知识普及、传染病防控和疾病诊疗三个方面，其主要合作方式如图8-2所示。

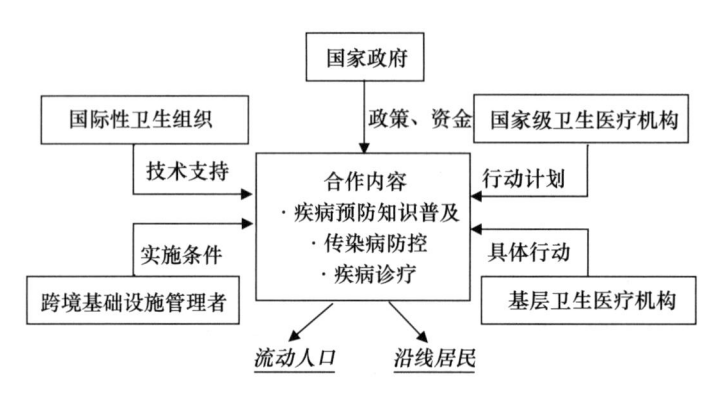

图8-2 跨境基础设施中的公共卫生服务合作基本方式示意图

如图8-2所示，跨境基础设施中的公共卫生服务对象主要是各国之间的跨境流动人口以及跨境公路和铁路沿线的居民，为了向这些群体提供疾病预防知识和预防措施以及一些疾病诊疗服务，国家政府、国家级卫生医疗机构、基层卫生医疗机构、国际性卫生组织和跨境基础设施管理者将以不同的角色和承担不同的职责来开展合作。其中，成员国的国家政府将通过签订合作协议等方式来为合作提供相应的政策支撑，同时通过国家拨款或向外贷款等方式来获取合作所需的资金；国家级卫生医疗机构将基于国家政府的政策框架和资金规模来与他国的相关机构建立合作关系并制订相应的行动计划；而包括社区医院、临时医疗队等基层卫生医疗机构则是行动的具体执行者。限于一些国家在公共卫生服务能力上的不足，国际性卫生组织往往通过技术支持的方式加入到这种合作中，并且还在合作中扮演着协调者的角色。虽然不属于公共卫生服务领域，并且也没有制定相关政策的权力，但跨境基础设施的管理者却是不可或缺的合作方，一方面它将为合作提供相应的数据和行动实施条件，另一方面也需要由它配合卫生部门开展疾病的监控。为了更为清晰地呈现这种合作的实施过程与作用，以下将对泰缅跨境公共卫生服务的合作进行分析。

二　泰缅跨境公路发展中的艾滋病防控合作[①]

由于政治局势和国际关系方面的不利因素，缅甸的国家公共卫生基础设施和服务水平长期得不到充分发展和提升，而在加入大湄公河次区域经济合作计划后，与泰国、老挝等邻国之间跨境公路的修建为缅甸人的流出创造了更为便利的条件，仅在1995—2005年，就有数以百万计的缅甸移民涌入泰国，这还不包括一些常年往返于两国间的运输工作者，而其中的非法移民不仅对泰国的社会治安造成威胁，同时也对公共卫生提出了重大挑战，特别是在疟疾、结核病和艾滋病等传染病防控方面带来了巨大的经济和社会管理负担。于是，为了保障泰国的国内公共卫生安全，并且确保两国跨境公路的正常运行和合法移民的进入，泰国卫生部开展了一系列的跨境卫生合作，以下主要对其中的艾滋病防控合作进行说明。

---

① 本案例根据 *Managing Regional Public Goods：Cross-border Trade and Investment, Labor Migration, and Public Health* 整理而来。（资料来源：ADB. Managing Regional Public Goods：Cross-border Trade and Investment, Labor Migration and Public Health, 2005。）

为了有效和及时地掌握移民的情况，泰国卫生部积极与卫生相关的非政府组织和国际组织合作以获得技术支持，首先在泰国与邻国的边境地带建立了难民收容中心，进而与本国海关和移民部门合作建立了一个移民监测网络，通过掌握边境难民和正常移民的流动情况，为开展艾滋病等传染病监测和预警提供了重要基础。为了能与邻国开展切实可行且具有可持续性的艾滋病防控行动，泰国卫生部基于大湄公河次区域经济合作计划等提供的双边合作基础，与缅甸、老挝、柬埔寨、越南等国的卫生部门建立了合作关系并且制订了联合行动计划，根据不同国家的基层卫生医疗机构情况和能力，提出了包括社区宣传、母婴健康支持、跨境流动人口防艾宣传等具体行动计划。其中，为了更好地开展缅甸籍移民的艾滋病防控工作，并且提高泰缅边境地区居民的艾滋病防控意识和预防能力，泰国卫生部与世界卫生组织合作，开发了专门的标准化移民数据收集工具，实现了对缅甸难民和正常缅甸移民的健康数据收集，并且开发了泰缅双语的母婴防艾宣传册和医疗记录册，供边境地区使用。与此同时，还在泰缅跨境公路的沿线村庄、加油站、边境检查站等向居民、外国旅客和开展跨境运输的卡车司机发放多语种艾滋病预防手册和避孕套，定期或不定期在村镇等基层医疗机构进行防艾宣讲，并且通过对基层防疫人员的培训形成了一定的防艾从业人员网络。

为了能够让整个行动有充足的资金保障，不仅泰国国家政府提供了一定的资金支持，同时还通过泰国卫生部的努力，争取到了美国国际援助署、欧盟以及联合国的资金支持。与此同时，通过与一些国际非政府组织合作，获得了一些关于艾滋病防治基层组织和人员培训的支持，而与一些诸如运输公司、加油站、广告公司等私营组织的合作不仅增加了整个行动的可持续性，并且还获得了一定的资金支持。

三 跨境基础设施发展中的公共卫生服务合作要点

从上述对泰缅跨境艾滋病防控合作的案例来看，跨境基础设施中的公共卫生服务合作不仅将有利于向利用设施和受设施影响的人群提供健康保障,从而确保设施的顺利运行,同时也有利于区域内公共卫生服务质量提高、供给数量的增加以及服务的均等化。然而,由于各国在公共卫生基础设施和供给能力上存在差异,在开展合作过程中应该注意以下三个方面。

(一) 利用既有的医疗合作基础

由于文化、经济发展水平和公共服务供给体系等方面的差异,跨境基础设施开发过程中的公共卫生服务合作需要具备一定的政治合作基础,这一方面是因为国家政府间的合作关系可以为不同国家卫生部门间的合作提供政治保障,另一方面是因为这样可以为行动争取到一定的资金支持。因此,充分利用跨境基础设施开发所依托的国家间或区域性经济合作计划形成的合作基础是公共卫生服务合作取得成功的关键之一。例如,在上述案例中,由于泰国和周边国家都加入了跨境公路开发所依托的大湄公河次区域经济合作计划,因此各国间已经具备了合作基础,而围绕艾滋病等传染病进行的防控合作也与区域发展和跨境公路的运行目标相符合,因此各国政府很容易达成一致,令行动得到来自各国的授权和许可,并且推出区域性的行动计划。

(二) 制定和实施国家化方案

虽然得到区域内各国政府的一致支持和许可是开展具体行动的前提,但各国在疾病分布、民间文化、流动人口、防疫等公共卫生服务制度上有很大差异,并且这些差异并不可能通过合作来消除。因此,为了让行动具有更强的适应性和针对性,各国的卫生部门应该在统一的行动目标和行动框架之下,制订并实施国家化方案,而各国的基层医疗卫生机构则根据这种方案来开展具体行动。例如,在上述的案例中,泰国及其周边国家的卫生部门针对本区域的艾滋病传播情况,首先以难民、正常移民、边境居民、跨境流动人口、公路沿线居民为服务对象制定了包括艾滋病病人跟踪、防艾知识宣传和母婴保护三方面的行动框架,进而形成了小到不同语言的宣传册制作和发放,大到流动人口健康数据收集网络的不同国家的具体行动方案。

（三）建立有效的疫病防控协作网络

为了更好地掌握整个区域的疾病流行状况、公共卫生服务供给情况以及所取得的工作进展，建立有效的协作网络就成了另一个决定公共卫生服务合作成效的关键点。这种网络不仅应该能够将各国的从业人员网罗其中，相应的研究人员也应该成为其中的组成部分，以便实现研究优化实践，实践推动研究。例如，由于大湄公河次区域跨境公路网的不断发展，成员国家间的人员和货物流动日益频繁，为了加强各成员国和大湄公河区域疾病监测和防控疾病暴发方面的能力，六个成员国共同成立了湄公河流域疾病监测网（MBDS），这一包括了各国基层防疫人员以及海关、移民、公共安全等部门从业人员的网络能够通过对跨境流动人口和沿线居民开展疟疾、登革热等常规传染病的监测，及时形成预警，以避免疾病在区域内大规模暴发。

第三节　跨境基础设施发展与区域文化交流

习近平总书记强调："文明交流互鉴是推动人类文明进步和世界和平发展的重要动力。"[①] 对于跨境基础设施的发展来说，不仅不同国家将通过合作来共同享有设施所提供的公共服务，同时也会由于不同国家民众共同利用设施而产生文化交流，而在合理和科学的管理之下，这种文化交流不仅将促进不同国家间的文化认同，从而为跨境基础设施的运行提供文化保障，同时也将有利于加深各国之间的友谊，助力于区域一体化。为此，本节将结合实际案例，对如何在跨境基础设施开发中通过合作来提供文化交流方面的公共服务进行分析。

---

① 中华人民共和国中央人民政府.《求是》杂志发表习近平总书记重要文章：文明交流互鉴是推动人类文明进步和世界和平发展的重要动力，2015 年 5 月 1 日，http://www.gov.cn/xinwen/2019-05/01/content_ 5388071.htm。

一 跨境基础设施发展中的区域文化交流合作方式

文化交流是两个或者两个以上具有显著文化差异的主体之间的交流,它产生的前提是文化主体有很强的文化生产力,并且能够互相尊重。在跨境基础设施建设和运营的过程中,区域内各成员国家间的商贸来往会更为密切,而由此产生的跨文化交往行为将为文化交流创造契机。因此,各国之间应该在尊重他国文化的前提下通过合作提供公共文化服务来有序引导和科学干预这种跨文化交往行为,以便在促进各国之间文化认同和文化发展的同时,也为设施的运行提供文化保障,提高设施的社会经济效益。然而,由于各国的公共文化服务供给体系存在差异,而公众的跨文化交往行为具有很强的随机性,因此在进行公共文化服务合作的过程中,重点在于如何通过合作来提供一些主要服务于文化交流的公共文化服务,以避免发生文化冲突的同时增强区域内民众对区域一体化目标的认可和增强命运共同体的认知。结合国际实践经验来看,这种服务于区域文化交流的公共文化服务基本合作方式如图8-3所示。

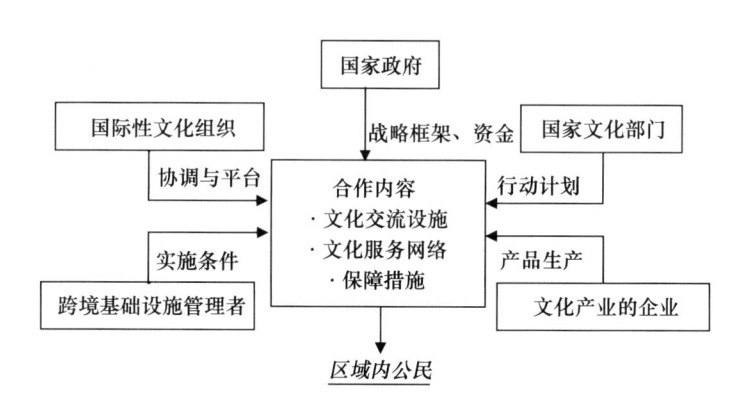

图8-3 跨境基础设施中的文化交流合作基本方式示意图

如图8-3所示,为了通过向跨境基础设施所处区域内的公民提供相应的公共文化服务,以确保其个体文化交往行为能够有益于各国之间的文化认同和形成对区域一体化的共同文化认知，跨境基础设施中的文化交流合作内容主要包括文化交流设施、文化服务网络和保障措施三个方面。其中，文化交流设施是提供相应公共服务的基础，包括相关场馆、门户网站、沿线宣传设施等；文化服务网络则是指为了提供相应服务而建立的从业者网络，其中不仅包括国家相关部门和基层文化宣传机构，也包括一些文化产品创作和设计者等；保障措施则是指为了确保合法文化交流活动、产品生产等开展的相关政策和法规。为了实现这三个方面的合作，首先需要国家政府间进行协调和协商而产生文化交流战略框架来提供相应的政策指导和支撑，并且提出符合国家战略的合作目标。与此同时，国家政府还将通过拨款或融资手段来为合作提供资金支持。根据国家提出的战略目标，各国的文化主管部门应结合跨境基础设施的基本情况和覆盖国家的文化现状，制订相应的行动计划，并且就具体实施过程和产品生产与从事文化产品生产的企业和组织进行协作，形成具体的行动方案。为了能够避免行动本身可能产生的文化冲突并且增强行动的影响力和可信度，还应加强与联合国教科文组织等国际性文化组织的合作，不仅让合作成果更容易获得国际认可，也让合作获得更大的平台和有效的外部协调。虽然跨境基础设施的管理者无法直接提供文化产品和服务，但它能够为合作提供诸如客运量统计这样的行动基础和实施条件。为了更为清晰地呈现这种合作的实施过程与作用，以下将对德法边境的双语区发展进行分析。

二　德法跨境交通基础设施发展中的边境双语区建设[①]

同时使用多种语言是欧洲一体化的目标之一，这不仅有利于

[①] 本案例根据 *Boosting growth and cohesion in EU border regions* 和 *France Strategy Saarland* 整理而来。［资料来源：（1）European Commission. Boosting growth and cohesion in EU border regions，2017，September 20，Brussels.（2）https：//www.saarland.de/dokumente/ressort_ finanzen/MFE_ Frankreich_ Startegie_ LangDIn4S_ UK_ Lay2. pdf.］

保留欧洲的文化多样性，同时也利于人们的流动。然而，从当前欧盟的实际情况来看，语言仍然是很多人就业的门槛，特别是对于居住在边境地区的人们来说，边境两侧的语言使用限制不仅增加了行政负担，也妨碍了公共行政部门与个人之间以及个人与个人之间的交流，更谈不上有效的文化交流。

作为欧盟中的"元老级"成员国家，德国与法国之间有着多条跨境公路和跨境铁路，这不仅是两国公民相互流动的主要通道，也促使越来越多在两国边境地区生活的人们成为"跨境工作者"（Cross-border Worker）。① 然而，由于没有对边境地区的官方用语进行共同约定并形成多语言通用区，很多居于边境的公民由于不能熟练掌握邻国语言而丧失了到邻国工作的机会，企业也由于语言问题无法招募到邻国具有更好工作技能的工人，甚至边境地区居民的日常交往都受到不同程度的影响，这些不仅降低了对跨境基础设施的使用效率，同时也阻碍着邻国之间的经济合作。

为了解决这一问题，德国率先于2014年起在与法国接壤的萨尔兰德（Saarland）地区实施了"法国战略"（France Strategy）。该战略的主要目的在于通过德法两国的共同合作来提供一系列以普及法语为核心的公共文化服务，从而将萨尔兰德地区变为一个官方语言为德语、法语和英语通用的多语种地区，不仅居于两国边境地区的居民可以在日常生活中使用多种语言，两国其他地区和其他国家的人员在办理过境等公共事务中也可以是使用多种语言。根据德国方面的测算，由于该地区企业多语种办公的实现，该多语种区域建成后会有超过100家法国企业在该地区开设分支机构并且提供3000个就业机会，而法国市场上也会出现大约70家地处萨尔兰德地区的企业的分支机构，而这些企业和员工将主

---

① 跨境工作者（边境工人）是指居住在一个欧盟或欧洲自由贸易区国家并在另一个欧盟或欧洲自由贸易区国家工作的欧盟/欧洲自由贸易区公民，他们每天或至少每周定期跨境流动。（资料来源：https：//www.saarland.de/dokumente/ressort_ finanzen/MFE_ Frankreich_ Startegie_ LangDIn4S_ UK_ Lay2. pdf。）

要应用跨境公路作为其主要物资运输和通勤通道。

为了实施这一战略，目前已经有四个法—德（Franco-German）机构①在萨尔兰德地区建立了基地，它们首先通过与当地教育部门合作，通过建立双语幼儿园、在学校开设法语必修课、推行双语职业培训等形式在萨尔兰德地区形成双语学习的文化气氛和教育体系。为了进一步加深两国人民对邻国文化的理解，这些机构还定期和不定期举办双边双语文化交流活动，例如音乐会、青年交换学习项目、职业教育交流会、假期双语社会实践等。该战略的实施得到了欧盟委员会的肯定，并且计划将这一实践在整个欧盟地区进行推广，特别是跨境基础设施密集的边境地区。

三 跨境基础设施发展中的区域文化交流合作要点

跨境基础设施的发展使区域内的国家更容易克服地理上的壁垒，促使市场更加紧密结合并产生新的经济机会，也令国家间关系更加稳固和更具政治凝聚力，这为开展文化交流也创造了条件，而文化交流的深入将通过促进区域内各国人民的文化认同来为经济政治合作提供社会基础。然而，由于文化的内涵十分丰富，且很多文化交流行为是具有随机性和不可控制性的个人行为，因此本书认为，为了让文化交流能够有助于维护区域和平和安全以及跨境基础设施的平稳运行，应该在提供相应的公共文化服务的过程中把握以下三个关键点。

（一）展现国家政府对他国文化的认同

文化交流的目的在于促进人们互通有无和促进自身的文化发展，而只有在尊重对方和平等对话的前提下才能称得上是真正的文化交流，文化入侵、文化压制、文化霸权都不是文化交流。因

---

① 四个法—德（Franco-German）机构包括：法德大学（Franco-German University, DFH）、法德职业教育与培训交流秘书处（Franco-German Secretariat for Exchanges in Vocational Education and Training, DFS）、法德文化委员会（Franco-German Cultural Council, DFKR）和法德青年办公室（Franco-German Youth Office, FGYO）的分支机构。（资料来源：https://www.saarland.de/dokumente/ressort_finanzen/MFE_Frankreich_Startegie_LangDIn4S_UK_Lay2.pdf。）

此，旨在促进文化交流的公共文化服务必须以尊重他国文化为基础，并且能够展现国家政府对他国文化的认同。当然，这种认同并不是对他国文化的全盘接受，而是需要在确保他国国家文化安全不受侵犯的情况下，选择一些两国共同认可和希望互相借鉴的文化内容来提供相应的公共文化服务。例如，欧盟各国在发展跨境交通基础设施网络的过程中，各国之间对于在交通领域和跨境运输中提高女性地位和保护女性工作者形成了文化共识，并且在欧盟委员会的协调下，各国联合推出了一系列的保障性公共文化服务，例如女性在交通运输行业中的就业公平文化宣传、女性交通运输从业者健康与道路安全文化普及等。[①]

（二）选择具有共同文化根基的内容来开展相关服务

如果说国家政府对他国文化的认同给予了公共文化服务政治支撑的话，那么共同的文化根基则对提高公共文化服务效率有着重要作用。同处一个区域的国家，由于历史上的交往和相互之间的文化借鉴，或多或少地会存在一些文化共同点，而这种文化共同点成为文化交流的强有力支撑。在这种共同文化根基之上来提供促进文化交流的公共文化服务能够让各成员国的公民更容易接受，并且尽可能减少服务中的文化冲突，进而提高服务的质量和供给效率。例如，大湄公河次区域的六国之间由于有着悠久的交往历史，儒家文化、佛教文化都深深植根于各国国民心中，而随着该区域跨境公路、跨境铁路和湄公河这一国际运输河道的开发，各国政府也合作开展了一系列旨在宣传区域共同文化的活动，例如昆曼国际公路跨境旅游宣传、"六国同饮一江水"文化交流公益活动等，不仅增强了各国民众对区域一体化的认同感，也进一步加深了各国之间的友谊。

（三）空间的选择

跨国文化交流对于任何一个地区的区域一体化发展来说都是一项重要而又复杂的系统性工程，而跨境基础设施建设和运行中

---

① 详情可参见 https：//www.eesc.europa.eu/our-work/opinions-information-reports/opinions/women-and-transport。

的相关公共文化服务供给合作仅仅是其中的一个组成部分，但由于这部分服务的对象主要是流动人口，其对于整个区域的文化交流作用将十分巨大。换句话说，如何让更多的流动人口能够更好地享受到这种服务，将直接决定其服务的效率和效果，而空间的选择便是其中一个关键因素。从上文中对德法边境双语区建设的例子来看，在边境地区提供促进文化交流的公共服务能够同时让两国甚至是多国的过境人员同时获得服务，不仅边境地区的文化交流能够得到促进，居于其他地区的人们也可以通过流动人员来获得相关的信息，形成"一传十，十传百"的效果，文化交流效率得以提高，提供相关服务所需的成本也得以降低，有利于合作的持续。

第四节　跨境基础设施发展中的区域教育合作

　　对于很多不发达国家来说，由于历史、政治、经济和社会文化等方面的多重原因，教育资源不仅短缺且分配不均，并且自身发展能力也十分有限，已然成为个人成长和国家发展的障碍，而区域合作却为提高各国的教育质量和增加资源供给开辟了一条新的道路，其中的跨境基础设施合作，特别是通信领域的跨境基础设施便是重要基础。另外，基于跨境基础设施开展的区域教育合作也为增加项目的经济和社会利益提供了可能。为此，本节将结合实际的成功案例，对跨境基础设施中的区域教育合作方式与合作要点进行分析。

一　跨境基础设施发展中的区域教育合作方式

　　在互联网发展以前，虽然远渡重洋的异国求学能够带来接受更好教育的机会，但由于经济条件的限制，很多来自贫困家庭的孩子并不能如愿地走出国门去接受更好的教育，教育不公平的现象长期存在。然而，随着互联网和各种远程教学技术的发展，通过修建跨境光缆和通信网络，有越来越多来自不发达国家的儿童和青年获得了接受更好教育的机会，而国家也通过与具备优质教育资源的国家的合作，获得了教育发展能力的提高。与此同时，由于跨境教育合作的开展，不仅跨国通信光缆这样的跨境基础设施由于用户增长和利用率提高而实现了更好经济效益和社会效益，跨境公路和跨境铁路等也由于学生的跨境或区域流动而间接地实现了更多经济、社会效益。由此可见，跨境基础设施的发展是区域教育合作的物质基础，而区域教育合作则是跨境基础设施实现利益的一项保障，这种合作的基本方式如图 8 - 4 所示。

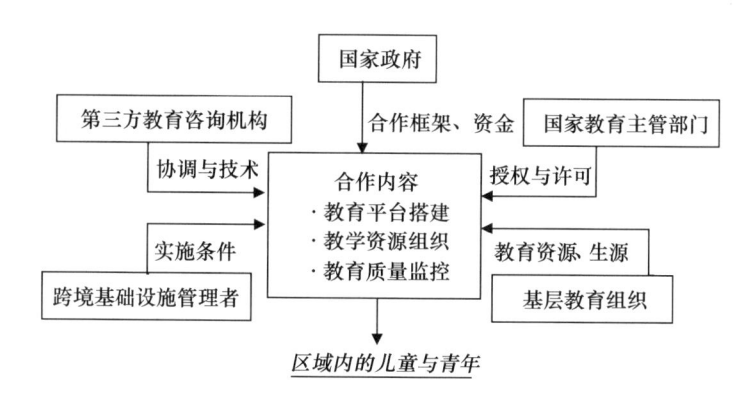

图 8 - 4　跨境基础设施中的区域教育合作方式示意图

如图 8 - 4 所示，跨境基础设施的发展给区域内的人们带来了跨境出行和通信的便利，为了利用这种便利来发展区域教育合作，国家政府、国家教育主管部门、基层教育组织应该和第三方教育咨询机构和跨境基础设施管理者围绕教育平台搭建、教学资源组织和教育质量监控三方面来开展区域教育合作。其中，教育平台搭建主要是指建立各国之间的教育资源共享平台，这样的平台不仅应该支撑在线教学等实际的教育活动，同时也应该能够支撑开展教学者之间的交流和学习者之间的沟通。为了能够有效分享最佳教学资源以提高区域整体的教育质量，各国之间应该就如何寻找、选择和组织教学资源进行合作。此外，为了能够确保教学质量以及受教育者获得相应的学历认证,各国之间还应该开展关于教育质量监督的合作,不仅对教学过程开展监督和控制,同时也对执业资格获得、学历颁发与认证等开展监控,以确保教育合作的公平性和公正性。

为了实现以上三方面的合作内容,参与合作的各成员国国家政府应该率先就合作的框架进行商议和确定,并且向合作提供充足的资金,对于很多经济不发达国家来说,向世界银行、亚洲开发银行这类的区域性机构申请贷款是一个可行的融资途径。在合作框架下,各国的教育主管部门应该就合作行动的开展拟订基本计划,并且向相关学校和教育机构进行授权和许可,同时建立对基层教育组织和合作过程的监督机制。作为合作的具体执行组织,包括各类学校、教育和培训机构在内的基层教育组织将负责为合作提供相应的教育资源和生源,通过教育平台开展相应的教学和学历认证活动。为了能够获得稳定的教学合作平台和建立各成员国之间稳定的合作关系,第三方教育咨询机构将主要提供组织协调和技术支撑的服务。最后,跨境基础设施的管理者将负责为合作的开展提供持续且平稳的基础设施服务。

二 欧洲—拉美光缆项目中的跨区域高等教育合作

欧洲和拉美最高级别领导人会议欧拉领导人峰会于1999年提出了建立欧拉高等教育区的设想,经过20年的发展,这一全球最大的高等教育联盟已经成为区域间高等教育合作的典范[①],而两个区域内及区域间的跨境通信基础设施发展不仅有力地助推了各国高等教育的合作,也由于各类教育机构对设施的充分利用而产生了很好的社会经济效益。

事实上,在欧拉高等教育区建设之前,阿根廷、巴西、哥伦比亚等国家便在美洲开发银行的主导下基于区域内跨境光缆开展

---

① [墨]诺瑟兰·加塞尔-阿维拉:《拉美和加勒比海地区高等教育国际化的新方向》,《国际高等教育》2015年第1期。

了国家虚拟教育网络技术合作项目①，该项目旨在通过集成各类多媒体技术来建立多国教学合作平台，让不同国家的学习者能够通过虚拟教育来获得更好的教育资源。与此同时，欧盟各成员国间也依托跨境信息高速公路的建设和欧盟委员会推进的欧盟高等教育合作的一系列行动建立了区域高等教育联盟②，而这两方面成为欧拉高等教育区建设的关键性基础。从具体实施来看，作为教育区建设的主要内容之一，"拉美社会公平和社会包容大学间框架项目"旨在改善拉美欠发达国家高等教育资源匮乏的状况，以及弱化因社会和经济背景而造成的入学机会不平等问题，项目的参与者包括来自欧盟 6 个国家和拉美 13 个国家的 30 多所院校。其中，欧盟为参与的拉美国家架设了远程教学设备并且帮助一些来自拉美国家的大学建立了远程教育平台并开发了一系列的远程教育课程，成立了远程教育大学，为居住在偏远山区的学生提供了学习机会。例如，洪都拉斯目前已经拥有 3 所远程教育大学，其中 1 所建立在印第安族聚居区。③

随着欧盟与拉美之间跨大西洋洲际数据高速公路的修建，欧拉高等教育区的合作，特别是远程教育的合作将更进一步。例如，很多欧盟成员国的大学将在拉美国家建立分校，而在分校就读的学生将通过远程教育获得欧盟最顶尖的教育资源，并且获得受拉丁美洲国家和欧盟国家认可的学历，而这些教育合作成果也将给区域内和区域间的跨境通信基础设施带来丰厚和稳定的经济和社会收益。

三 跨境基础设施发展中的区域教育合作要点

随着区域一体化的不断深化，受教育质量等影响的人口文化

---

① 经济合作与发展组织中心、联合国拉丁美洲和加勒比经济委员会、CAF-拉丁美洲开发银行主编：《2015 年拉丁美洲经济展望——面向发展的教育、技术和创新》，社会科学文献出版社 2015 年版。
② 陈玥、蔡娟：《欧盟高等教育国际化发展的主要特征——基于欧盟相关政策文本的分析》，《比较教育研究》2016 年第 7 期。
③ 胡昳昀：《欧拉高等教育区建设的动因、议程与成效——基于区域间主义的视角》，《比较教育研究》2020 年第 1 期。

素质对社会和经济发展的影响已经逐渐超越国界。然而，由于经济发展水平落后和教育资源的匮乏，很多不发达国家在很长一段时间内都难于靠自身的能力来大力发展教育。因此，为了实现区域的共同繁荣，跨国教育合作逐渐成为区域一体化中的一项重要内容，而跨境基础设施为这项合作带来了新的契机。从上文对跨境基础设施中的区域教育合作方式和欧拉高等教育区的分析可以看出，以通信为主的跨境基础设施的修建为开展远程教育提供了物质基础，而区域教育合作不仅能够让更多的学生享受到优质教育资源，同时也为跨境基础设施的经济和社会效益实现提供保障，以确保其合作能够具备可持续性，而为了实现这种合作，本书认为有以下三个关键点。

（一）增加入学机会

对于很多不发达国家来说，不仅教育资源匮乏，受教育机会分配不均的问题也十分严重。虽然诸如跨境光缆这样的跨境基础设施的修建可以为教育不发达地区的人们带来获得优质教育资源的机会，但是由于经济条件的限制和国内教育服务供给制度的缺陷，很多贫困人口仍然可能由于缺少设备和操作技能而无法得到相应的教育机会。因此，为了能够帮助区域内更多的适龄儿童和青年获益于此，各国政府在开展教育合作中应当关注入学机会的增加，通过补贴、援助等方式为偏远落后地区提供入学条件，并且让基层教育组织进行宣传和普及。与此同时，除了基础教育外，为了提高劳动力的工作技能，还应该与相关职业培训机构联合，建立职业技能远程培训平台，以便能够为广大劳动者的在职学习创造条件。

（二）提高对学历和资格的互认水平

对于受教育者来说，获得相应的学历或资格是其获得就业机会并改善生活条件的前提。然而，由于行业标准、国内教育体制和教育质量的不同，不同国家间存在对学历和资格互认的障碍，这不仅影响了受教育者获得相应的就业机会和区域劳动力的有效流动，同时也在一定程度上影响了人们利用教育平台和资源的积极性，从而降低了跨境基础设施的社会效益。因此，为了让学习者"学有所成，学有所用"并提高跨境基础设施的利用率，在开展区域教育合作尤其是远程教育合作中，合作各方必须提高对学历和资格的互认水平，不仅让学习者与接受面授者获得同质化的学习内容，同时也能够获得公平的学习结果，从而在促使更多人加入学习者队伍的同时，也助推区域内学历认证和执业资格认证的统一。

（三）注重教学资源的多元化

区域教育合作的目的不仅在于对不同国家间教育资源的优化配置，也在于促进各国的文化交流。因此，教学资源不仅需要满足传授人们基本知识和职业技能的需求，也需要考虑到学习者不同的文化背景，这种文化背景主要包括语言、宗教、民族习俗等。因此，为了能够让更多的人能够受惠于这种教育合作，教学资源应该实现文化和具体内容的多元化，而这首先需要合作者之间营造出一个开放、包容、平等的学习环境，进而充分发掘具有相同文化根基或文化共同点的教育资源，以便为学习者提供多种选择。与此同时，还应该将区域意识、区域一体化、周边国家文化和语言等方面的内容纳入教学内容，从而令学习者在开展技能学习的同时也有机会开阔眼界，消除对他国文化的偏见和歧视，提升对区域一体化的认同感。

本章小结

从公共服务的基本定义来看，跨境基础设施的修建与运营是各成员国之间合作提供交通、通信和能源等公共服务的基础。然而，由于跨境基础设施的发展会导致人员、货物的跨境流动，区域内的公众将会产生在异地或流动过程中获得诸如公共卫生、文化交流等方面公共服务的需求，这种需求不仅关乎区域内公众社会生活的质量，同时也关乎跨境基础设施的建设和运营，因此如何围绕跨境基础设施来改善区域内的公共服务供给成了必须解决的问题。为此，本章基于对跨境基础设施建设和运营中由于人口流动所导致的跨文化交往、传染性疾病传播和异地求学需求的分析，对如何在跨境基础设施发展中开展公共卫生、文化交流和教育合作进行了研究。

第一，跨境基础设施中的公共卫生服务合作将通过国家政府、国家级卫生医疗机构、基层卫生医疗机构、国际性卫生组织和跨境基础设施管理者之间的合作向流动人口和沿线居民提供疾病预防知识普及、传染病防控和疾病诊疗三方面的公共卫生服务，而这种合作应建立在既有的经济和政治合作基础之上，并且通过制定和实施国家化方案和建立疫病防控协作网络来提高服务针对性和及时性。

第二，为了能够基于跨境基础设施更好地促进各国之间的文化交流，国家政府、国家文化部门、文化产业企业、国际性文化组织和跨境基础设施管理者之间应围绕提供文化交流设施、文化服务网络和保障措施三个方面来向区域内的所有公民提供公共文化服务，而这些服务必须能够展现国家政府对他国文化的认同，并且应该选择有共同文化根基的内容来开展相关服务。此外，为了提高服务的效果和效率，还应该注重提供服务的空间的选择。

第三，为了充分发挥诸如跨境光缆这样的跨境通信设施的作用，并且促进区域内的教育均等化，各成员国政府、国家教育主管部门、第三方教育咨询机构、跨境基础设施管理者和基层教育组织应该通过开展教育平台搭建、教学资源组织和教育质量监控三方面的合作来改善区域内的公共教育服务供给状况，主要以远程学习方式让更多地处偏远或经济条件不佳的适龄人口获得学习机会，并且获取能够帮助其就业的学历和执业资格。

参考文献

陈玥、蔡娟:《欧盟高等教育国际化发展的主要特征——基于欧盟相关政策文本的分析》,《比较教育研究》2016年第7期。

《崇左市中越边境地区数字化预防接种门诊建设成效好》,2019年12月30日,崇左新闻网(http://www.czdjw.gov.cn/UCM/wwwroot/gxcznews/xwzx/shxw/2019/12/666810.shtml)。

《从雷场禁区到开放前沿——广西沿边对外开放之路越走越宽》,2017年7月21日,中国法院网(https://www.chinacourt.org/index.php/article/detail/2019/07/id/4205343.shtml)。

《从雷场禁区到开放前沿——广西沿边对外开放之路越走越宽》,2019年7月25日,中国法院网(https://www.chinacourt.org/index.php/article/detail/2019/07/id/4205343.shtml)。

樊勇明、薄思胜:《区域公共产品理论与实践——解读区域合作新视点》,上海人民出版社2011年版。

樊勇明:《区域性国际公共产品——解析区域合作的另一个理论观点》,《世界经济与政治》2008年第8期。

樊勇明主编:《区域国际公共产品与东亚合作》,上海人民出版社2014年版。

葛昕、宋新宁:《欧盟、东亚一体化中的文化认同差异及其影响》,《新视野》2014年第6期。

《瓜达尔港——中巴经济走廊的璀璨明珠》,2018年8月26日,新华网(http://www.xinhuanet.com/2018-08-26/c_11233

31199. htm)。

《广西凭祥成我国通往东南亚最大陆路通道》，2007 年 6 月 6 日，新浪网（http：//news. sina. com. cn/c/p/2007 - 06 - 06/075013163221. shtml）。

《好消息！中老铁路建设取得新进展》，2019 年 3 月 24 日，环球网（https：//m. huanqiu. com/article/9CaKrnKjger）。

胡昳昀：《欧拉高等教育区建设的动因、议程与成效——基于区域间主义的视角》，《比较教育研究》2020 年第 1 期。

黄河：《公共产品视角下的"一带一路"》，《世界经济与政治》2015 年第 6 期。

《汇总 2018 年最具代表意义的 10 个中资海外 PPP/BOT 项目》，2018 年 12 月 28 日，搜狐网（https：//www. sohu. com/a/285134571_ 100270729）。

姜海山、蒋俊杰、于洪生等：《中国政府架构与基本公共服务》，人民出版社 2017 年版。

《交通大辞典》编辑委员会：《交通大辞典》，上海交通大学出版社 2005 年版。

经济合作与发展组织中心、联合国拉丁美洲和加勒比经济委员会、CAF-拉丁美洲开发银行主编：《2015 年拉丁美洲经济展望——面向发展的教育、技术和创新》，社会科学文献出版社 2015 年版。

李晨阳、卢光盛：《缅甸：2009 年回顾与 2010 年展望》，《东南亚纵横》2010 年第 4 期。

李大伟：《我国和中亚五国经贸合作现状、问题及对策》，《宏观经济管理》2014 年第 1 期。

梁双陆：《边界效应与沿边开放理论》，云南人民出版社 2015 年版。

梁双陆、张梅：《基础设施互联互通对我国与周边国家贸易边界效应的影响》，《亚太经济》2016 年第 1 期。

林正文、付正汇：《中缅口岸姐告发展态势及原因分析》，《价值工程》2018 年第 9 期。

满洲里：从边境小城道全域旅游目的地，2017 年 8 月 5 日，华夏经纬网（http：//www.huaxia.com/ly/lyzx/2017/08/5445524.html）。

满洲里市人民政府．满洲里市情，http：//www.manzhouli.gov.cn/mzl/mlbc/mzlsq/index.html．

梅宇航：《金砖国家贸易便利化与贸易潜力研究》，博士学位论文，辽宁大学，2019 年。

《缅甸小伙儿毛帅的中国缘》，2019 年 4 月 16 日，中国新闻网（http：//www.chinanews.com/cj/shipin/2019/04 – 16/news812003.shtml）。

［墨］诺瑟兰·加塞尔 – 阿维拉：《拉美和加勒比海地区高等教育国际化的新方向》，《国际高等教育》2015 年第 1 期。

潘寅茹：《中缅天然气管道缅甸段开始向中国输气》，《大陆桥视野》2013 年第 8 期。

齐海丽：《我国城市公共服务供给中的政社合作研究》，上海交通大学出版社 2015 年版。

《申请 11.75 亿美元！几内亚苏阿皮蒂水利枢纽项目贷款协议正式生效》，2019 年 9 月 5 日，搜狐网（https：//www.sohu.com/a/338837140_100113069）。

沈铭辉：《东亚国家贸易便利化水平测算及思考》，《国际经济合作》2009 年第 7 期。

《师徒共同谱写"一带一路"上中缅"胞波"情》，2019 年 4 月 16 日，中国新闻网（http：//www.chinanews.com/sh/2019/04 – 16/8811112.shtml）。

宋周莺、虞洋：《"一带一路"沿线贸易便利化发展格局研究》，《地理科学进展》2020 年第 39 卷第 3 期。

《推动共建"一带一路"的愿景与行动（全文）》，2015 年 3 月 28 日，新浪网（http：//news.sina.com.cn/c/2015 – 03 – 28/140031655780.shtml）。

汪来杰：《公共服务——西方理论与中国选择》，河南人民出版社 2007 年版。

王浦劬、萨拉蒙：《政府向社会组织购买服务：中国与全球经验分析》，北京大学出版社 2010 年版。

王铁崖：《国际法》，法律出版社 1995 年版。

王微：《"一带一路"基础设施互联互通需解决三大问题》，《中国经济时报》2016 年 6 月 23 日。

《亚吉铁路运营半年：打造非洲最好铁路》，2018 年 7 月 30 日，搜狐网（https：//www.sohu.com/a/244193024_ 684576）。

杨汝万、胡天星：《边界效应的转变和边境城市——以深圳为例》，载叶舜赞等《一国两制模式的区域一体化研究》，科学出版社 1999 年版。

于凤荣：《论公共服务的本质：秩序与正义》，《理论探讨》2008 年第 2 期。

张群：《东亚区域性公共产品供给与中国—东盟合作》，《太平洋学报》2017 年第 5 期。

《中巴跨境光缆项目开工仪式在吉尔吉特举行》，2016 年 5 月 20 日，搜狐网（http：//world.people.com.cn/n1/2016/0520/c1002 - 28367840.html）。

《中国电建与 GE 联合中标 40 亿美元赞比亚津巴布韦水电站》，2019 年 6 月 22 日，新浪网（http：//finance.sina.com.cn/stock/usstock/c/2019 - 06 - 22/doc-ihytcitk6868170.shtml）。

《中国加入 TIR 公约，助推一带一路建设》，2017 年 7 月 27 日，搜狐网（https：//www.sohu.com/a/108579736_ 433360）。

《中国水电承建的阿贾哈拉水电站项目开工》，2015 年 12 月 28 日，搜狐网（https：//www.sohu.com/a/50838044_ 114891）。

中华人民共和国海关总署：《中华人民共和国海关对姐告边境贸易区监管的暂行办法》2000 年 8 月 28 日。

中华人民共和国中央人民政府、国务院关于同意新设 6 个自由贸易试验区的批复（国函［2019］72 号），2019 年 8 月 26 日，http：//

www. gov. cn/zhengce/content/2019 - 08/26/content_ 5424518. htm。

中华人民共和国中央人民政府.《求是》杂志发表习近平总书记重要文章:《文明交流互鉴是推动人类文明进步和世界和平发展的重要动力》,2019 年 5 月 1 日,http://www. gov. cn/xinwen/2019 - 05/01/content_ 5388071. htm。

中华人民共和国中央人民政府. 文化和旅游部有关负责人就国务院同意设立内蒙古满洲里、广西防城港边境旅游试验区答记者问,2018 年 4 月 13 日,http://www. gov. cn/xinwen/2018 - 04/13/content_ 5282192. htm。

中华人民共和国中央人民政府. 文化和旅游部有关负责人就国务院同意设立内蒙古满洲里、广西防城港边境旅游试验区答记者问,2018 年 4 月 13 日,http://www. gov. cn/xinwen/2018 - 04/13/content_ 5282192. htm。

中华人民共和国中央人民政府. 文化和旅游等 10 部门关于印发内蒙古满洲里、广西防城港边境旅游试验区建设实施方案的通知,2018 年 4 月 16 日,http://www. gov. cn/zhengce/zhengceku/2018 - 12/31/content_ 5433322. htm。

《中老国际通道玉磨铁路首个隧道群贯通,建亚洲象护栏》,2018 年 12 月 1 日,新浪网(http://news. sina. com. cn/o/2018 - 12 - 01/doc-ihmutuec5263517. shtml)。

《中老铁路:建一座工程,造福一方百姓》,2019 年 6 月 20 日,新浪网(http://k. sina. com. cn/article_ 3974550866_ ece6d55200100ga9l. html)。

《中老铁路为老挝人民提供数万个工作岗位》,2019 年 3 月 6 日,中华人民共和国驻琅勃拉邦总领事馆(http://prabang. china-consulate. org/chn/lqxw/t1643431. htm)。

《中老铁路——一条互联互通的复兴路》,2018 年 8 月 9 日,人民画报(http://www. rmhb. com. cn/zt/ydyl/201808/t20180809_ 800137825. html)。

《中缅签署皎漂深水港项目框架协议,缅方占股 30%》,2018 年

11月11日,搜狐网(https://www.sohu.com/a/274630815_825950)。

《中缅油气管道,看胞波合作共赢》,2019年3月26日,搜狐网(https://www.sohu.com/a/303785890_162522)。

《中缅油气管道为缅甸社会直接贡献近5亿美元》,2020年1月30日,环球时报(https://world.huanqiu.com/article/9CaKrnKoRxt)。

《中铁、中铁总组成联合体中标匈塞铁路匈牙利段项目》,2015年11月26日,中国路面机械网(https://news.lmjx.net/2015/201511/2015112614375196.shtml)。

周太东、蒋希蘅:《中缅油气管道:"一带一路"多方共建典范》,《中国经济时报》2019年4月25日。

《专访中国铁建董事长孟凤朝:亚吉模式是国际产能合作新样板》,2017年5月15日,新浪网(http://finance.sina.com.cn/roll/2017-05-15/doc-ifyfecvz1322905.shtml)。

[美]埃莉诺·奥斯特罗姆:《公共事务的治理之道》,余逊达等译,生活·读书·新知三联书店2000年版。

[美]布鲁斯·拉希特、[美]哈维·斯塔尔:《世界政治》,王玉珍等译,华夏出版社2001年版。

[美]塞缪尔·亨廷顿、劳伦斯·哈里森主编:《文化的重要作用——价值如何影响人类进步》,程克雄译,新华出版社2002年版。

[美]托德·桑德勒:《区域性公共产品的需求与制度》,张建新译,载[西]安东尼·埃斯特瓦多道尔、[美]布莱恩·弗朗兹、[美]谭·罗伯特·阮《区域性公共产品:从理论到实践》,张建新、黄河、杨国庆等译,上海人民出版社2010年版。

[美]约翰·L.米克塞尔:《公共财政管理:分析与应用》,白彦锋、马蔡琛译,中国人民大学出版社2005年版。

[日]藤田昌久、[美]保罗·克鲁格曼、[美]安东尼·J.维纳布尔斯:《空间经济学——城市、区域和国际贸易》,梁琦主译,中国人民大学出版社2005年版。

ADB, "Border without Barriers-Facilitating Trade in SASEC Countries", *Edited by Marwa Abdou et al*, December 2019.

ADB, Facilitating Safe Labor Migration in the Greater Mekong Subregion. 2013.

ADB, Greater Mekong Subregion Cross-Border Transport Facilitation Agreement-Instruments and Drafting History, Annex 4: Facilitation of Frontier Crossing Formalities, 2011.

ADB, Green Infrastructure Design for Transport Projects: A Raod Map to Protecting Asia's Wildlife Biodiversity. December 2019.

ADB, Managing Regional Public Goods: Cross-border Trade and Investment, Labor Migration, and Public Health, 2005.

ADB, "The Greater Subregion at 20: Progress and Prospects", 2012.

Adhikari, R. , J. Weiss, "Economic Analysis of Subregional Projects", *EDRC Methodology Series*, No. 1, Manila: ADB, 1999.

Amar Bhattacharya, Cristina Contreras Casado, Minji Jeong et al. , "Attributes and Framework for Sustainable Infrastructure", IDB Group, May 2019.

Asian Development Bank, "Dagachhu Hydropower Project — Cross-Border Clean Development Mechanism Initiative", *CDM Project Brief*, 2014.

Asian Development Bank, Green Power for Bhutan — Clean Energy Crosses Borders to Reach Poor Households, 2014.

Athukurola, P. Trade performance of GMS Countries: Trends, Patterns and Policy Options. ADB, 2007.

Brenton P. , Gamberoni E. and Sear C. (eds.) *Women and Trade in Africa: Realizing the Potential*. Washington DC: World Bank, 2013.

Brenton P. , Isik G. (eds) . *De-fragmenting Africa: Deepening Regional Trade Integration in Good and Services*. The World Bank, 2012.

Commission of the European Communities, Cecchini P (1988) Report: The European Challenge: The Benefits of a Single Market, SEC (88)

524 final, 1992, Brussels.

European Commision, ECTS User's Guide 2015, Luxembourg: Publication Office of the European Union, 2015.

European Commission, Boosting Growth and Cohesion in EU Border Regions, 2017, September 20, Brussels.

European Commission, DG ENER, Cooperation under the RES Directive —— Case Study on a Joint Project: An offshore Wind Park in the North Sea Cooperation between the Netherlands Belgium, UK, and Luxembourg, 2014.

European Commission, Guidance on the use of Renewable Energy Cooperation Mechanism. SWD (2013) 440 final, Brussels, 5 Nov 2013.

European Commission, Trans-European Transport Network (TEN-T), https://ec.europa.eu/transport/themes/infrastructure/ten-t_en.

Evaluation Cooperation Group. The Nexus between Infrastructure and Environment, June 2007.

Ferroni Marco, Ashoka Mody, *International Public Goods: Incentives, Measurement and Financing*, Dordecht, NL: Kluwer Academic Publishers, 2002.

France Strategy Saarland, https://www.saarland.de/dokumente/ressort_finanzen/MFE_Frankreich_Startegie_LangDIn4S_UK_Lay2.pdf.

Haruhiko Kuroda, Masahiro Kawai, Rita Nangia, "Infrastructure and Regional Cooperation", *ADB Institute Discssion Paper*, No. 76, Manila: ADB.

Haruhiko Kuroda, Masahiro Kawai, Rita Nangia, "Infrastructure and Regional Cooperation", *ADB Institute Discussion Paper*, No. 76. September 2007.

IDB. What is Sustainable Infrastructure? —— A Framework to Guide Sustainability Across the Project Cycle. March 2018.

Ifzal Ali, Ernesto M. Pernia. Infrastructure and Poverty Reduction—What is the Connection? *Asian Development Bank*, January 2003.

Institute of Medicine. Infectious Disease Movement in a Borderless World, Washington, DC: The National Academies Press, 2010.

Jack Hirshleifer, "From Weakest-link to best-shot: the Voluntary provision of public goods", *Public Choice*, Vol. 41, No. 3, 1983.

John McCallum, "National borders matter: Canada-U. S. regional trade patterns", *American Economic Review*, Vol. 85, No. 3, 1995.

Kanbur Ravi, Todd Sandler, Kevin Morrison, *The Future of Development Assistance: Common Pools and International Public Goods*, Washington, DC: Overseas Development Council, 1999.

Lesser, C. and Moise-Leeman, E. Informal Cross-Border Trade and Trade Facilitation Reform on Sub-Saharan Africa. Trade Policy Working Paper 86. Paris: OECD, 2009.

Manabu Fujimura, "Cross-Border Transport Infrastructure, Regional Integration and Development. ADB Institution Discussion Paper", No. 16, November 2004.

Manabu Fujimura, Ramesh Adhikari, "Critical Evaluation of Cross-border Infrastructure Projects in Asia", *ADBI Working Paper Series*, No. 226, July 2010.

Nancy R., Buchan, "Reducing Social Distance: The Role of Globalization in Global Public Goods Provision", *Advances in Group Processes*, Vol. 28, No. 2, 2011.

OECD. Infrastructure to 2030: Telecom, Land Transport, Water and Electricity. Paris: OECD, 2006. http://www.oecd.org/futures/infrastructure/2030.

OECD. Trade facilitation, http://www.oecd.org/trade/topics/trade-facilitation/.

OPHI. Global Multidimensional Poverty Index, https://ophi.org.uk/multidimensional-poverty-index/.

Peter Duelund, "Cultural Policy: An Overview", in Peter Duelund ed, The Nordic Cultural Model, Copenhagen: Nordic Cultural Institute, 2003.

Richard Cornes, Todd Sandler, "Easy Rider, Joint Production and Public goods", *Economic Journal*, Vol. 94, No. 3, 1984.

Rik Pinxten, Marijke Cornelis, Robert A. Rubinstein, "European Identity: Diversity in Union", *International Journal of Public Administration*, Vol. 30, No. 6, 2007.

Sandler Todd, "Global and Regional Public Goods: A Prognosis for Collective Action", *Fiscal Studies*, Vol. 19, No. 3, 1998.

Sheldon Simon, "The Regional of Defense in Southeast Asia", Pacific Review, Vol. 5, No. 2, 1992.

South American Infrastructure and Planning Council, Integration Priority Project Agenda, 2017.

The European Parliament and The Council, "Guidelines for trans-European energy infrastructure", *Regulation (EU)*, No. 347/2013, 17 April 2013.

Tyson, J. *Impact of Sub-Saharan African Trade Corridors on Vulnerable Groups*'. London: ODI, 2015.

UN. Goal 1: Eradicate Extreme Poverty & Hunger, https://www.un.org/millenniumgoals/poverty.shtml.

United Nations. Declaration of the United Nations conference on the human environment. 1972. URL = http://www.un-documents.net/unchedec.htm.

WTO. Trade facilitation, https://www.wto.org/english/tratop_e/tradfa_e/tradfa_e.htm.

Yann Duval, Kong Mengjing, "Digital Trade Facilitation: Paperless Trade in Regional Trade Agreement", *ADBI Working Paper Series*, No. 747, June 2017.

Yue, C., R. Shreshtha, F. Kimura, and D. Ha 'Skills Mobility and Development in ASEAN', in Intal, P. and M. Pangestu, *Integrated and Connected Seamless ASEAN Economic Community*, Jakarta, ERIA, 2019.